버크셔 해서웨이의 재탄생

버크셔 해서웨이의 재탄생

망해가던 섬유공장의 위대한 자본 배분 역사(1955–1985)

CAPITAL ALLOCATION

THE FINANCIALS OF A NEW ENGLAND TEXTILE MILL 1955 – 1985

제이컵 맥도널 지음

generalfox(변영진) 옮김

권용탁 감수

에프엔미디어

워런 버핏의 투자 원칙과 태도를 다룬 책이 많지만 《버크셔 해서웨이의 재탄생》은 개별 투자 사례를 가장 디테일하게 분석한 보석 같은 책이다. 버핏의 대표적인 투자 실패 사례로 손꼽히는 섬유공장 버크셔 해서웨이가 시가총액이 세계에서 8번째로 큰 지주회사로 변모하는 과정을 구체적인 사례로 서술한다. 버핏의 사고가 어떤 행동을 통해 구현되는가를 학습하듯이 정독한다면 버핏 투자의 진수를 느낄 수 있을 것이다.

— **김학균**(신영증권 리서치센터장, 《부의 계단》 공저자)

이 책은 철저히 버크셔 해서웨이가 어떻게 '복리 기계'로 거듭나는지에 주목한다. 워런 버핏과 찰리 멍거가 플로트의 개념을 정립하고 확장하는 과정, 그리고 투자금으로 사용할 지속 가능한 현금흐름을 찾아낸 사례를 쏟아낸다. 버핏의 열렬한 팬이라면, 다소 생소할 수 있는 버크셔 해서웨이의 자회사들을 가치투자라는 하나의 궤로 꿰어나가는 즐거운 경험을 해보자.

— **김현준**(더퍼블릭자산운용 대표, 《사요 마요》 저자)

버핏이 버크셔 해서웨이 초기부터 20여 년간 투자를 결정하는 데 영향을 미쳤을 만한 주요한 재무 데이터와 관련 숫자를 매우 디테일하게 제시한다. 이를 통해 당시 과정을 더 정확하게 이해할 수 있다. 단순히 좋아 보이는 기업의 주식을 사고파는 단계를 넘어서, 좋은 기업을 인수하고 그 기업이 창출하는 현금을 가장 효율적으로 배분함으로써 세계에서 가장 성공한 투자자이자 자본 배분가가 된 버핏의 머릿속을 조금이나마 엿보는 매우 소중한 경험이다.

— **송근용**(슬기자산운용 CIO)

버핏이 쇠락하던 섬유회사 버크셔 해서웨이를 의도치 않게 인수한 후, 비효율적으로 쌓인 자본을 활용해 내셔널 인뎀너티, 가이코, 씨즈캔디, 네브래스카 퍼니처 마트 등 뛰어난 기업들을 인수하면서 거대 복합기업으로 성장시키는 과정을 분석한다. 단순 스토리텔링이 아니라 어떤 가격과 방식으로 매수했는지를 실제 각 기업의 재무제표와 숫자로 검증하는 것이 독특하고 흥미롭다. 기업 인수합병 과정이지만 버핏의 의사결정 과정과 최종 투자 판단을 가늠할 수 있어 개인 투자자도 배울 점이 풍부하다. 훌륭한 번역도 깊이 있는 내용을 이해하는 데 큰 도움이 된다.

— **와이민**(《스스로 좋은 투자에 이르는 주식 공부》 저자)

1970년대와 1980년대 초의 버크셔는 공개된 자료가 희귀해서 버핏 마니아도 잘 모른다. 이 책은 숨 막히게 역동적이던 그 시절을 숫자들로 담담히 소개한다. 버핏을 제대로 공부하려면, 버크셔가 성숙기에 들어간 2000년대 이후가 아니라, 막 버크셔라는 날개를 달고 자본 배분을 시작한 시점을 들여다봐야 한다. 버핏 마니아에게 이 책은 새로운 길잡이다. 플로트로 안전한 레버리지를 장착하고 높은 수익처에 자금을 거침없이 쏟아붓는 버핏과 멍거의 전성기를 목격할 수 있다.

— **이은원**(《워런 버핏처럼 적정주가 구하는 법》 저자)

버핏이 벤저민 그레이엄의 그늘을 벗어나 진화를 넘어 신화를 만들어 낸 원동력은 첫째 '경영진과 비즈니스의 품질 우선주의', 둘째 '자본비용이 들지 않는 레버리지, 즉 플로트를 활용한 정교한 자본 배분'이다. 이 두 가지는 모든 투자자가 꿈꾸는 '복리 기계'의 강력한 엔진이다. 버핏이 자본 배분을 '발견'하고 '각성'해서 '완성'한 역사를 다룬 이 책은 투자서이자 온전한 경영서다.

— **홍영표**(변호사, 《워런 버핏 바이블 2021》 공저자)

버핏의 '최악의 투자 결정'이던 버크셔 해서웨이는 어떻게 1,000조 원이 넘는 가치를 지닌 기업이 되었을까? 지금 버핏이 훌륭한 투자자임을 애기하기는 쉽다. 그러나 버크셔 해서웨이를 인수한 당시로 돌아가서 보면, 그는 가혹한 환경에서 논란 가득한 의사결정을 이어왔다. 험난한 환경일수록 천재의 뛰어난 의사결정은 더욱 빛난다. 이 책은 수백조 원의 잉여현금을 지닌 지금의 버크셔를 논하지 않는다. 허물어져가는 섬유사업을 끌어안는 동시에 아예 새로운 분야에 자금을 투입해 '현금 창출 기계'를 만들어내는 '자본 배분' 과정을 생생히 보여준다. 버핏을 공부한다면 반드시 읽어야 할 책이다.

— **홍진채**(라쿤자산운용 대표, 《거인의 어깨 1, 2》 저자)

모든 분야에는 '고전'이 있다. 고전은 그 자체로 '기준'이 된다. 언제나 우리는 더 잘하기 위해 노력하지만 돌고 돌아 결국 고전으로 돌아오게 된다. 버핏과 멍거의 버크셔는 투자의 고전, 투자의 기준이다. 때로는 새로운 기법에, 난해한 용어에, 유행에 휩쓸리지만 돌고 돌아 다시 버크셔로, 버핏으로, 멍거로 돌아오게 된다. 버핏과 멍거를 다룬, 잘 번역된 한국어 자료는 매우 귀하다. 이 책은 단순한 책 한 권이 아니라 한국 투자 생태계에 기여하는 또 하나의 디딤돌이다. 수많은 기법, 철학, 방법이 있지만 결국 돌고 돌아 이 기준으로 돌아올 테니. 이 책을 통해 많은 이가 옳은 길을, 오랫동안 걸어갈 수 있기를 바란다. 감히 추천하기보다는 감사한 마음이 더 크다.

— **BZCF**(투자 유튜버, 블로거)

* 추천자명 가나다순

'버핏 롤플레잉'에 빠지게 하는 책

내가 워런 버핏을 처음 알게 된 건《마이더스의 손(The Midas Touch)》
이라는 책을 통해서였다. 주식 투자만으로 세계 최고 부자의 자
리에 오른 버핏의 족적은 1996년 당시 대학교 1학년이었던 투자
자 지망생에게 깊은 인상을 남겼다. 그렇게 나는 가치투자자가
되었다.

　이후 자칭 '버핏빠'로서 버핏의 투자법에 관한 서적과 자료
를 닥치는 대로 찾아 읽었다. 그 과정에서 가장 처음 받아들인
개념은 코카콜라 사례로 상징되는 경제적 해자(economic moat)였
다. 탁월한 회사가 되기 위해선 경쟁자를 물리칠 수 있는 강점을
갖춰야 한다는 비유적 의미는 당시 초보적인 수준에서도 이해하
기가 수월했기 때문이다.

　반면 자본 배분(capital allocation)과 플로트(float)의 개념은 한
참 후에 깨달았다. 《마이더스의 손》에는 코카콜라뿐 아니라 캐
피털시티와 가이코가 버핏의 대표적인 투자 성공 사례로 소개되
어 있었는데, 당시엔 솔직히 크게 와닿지 않았다. 그도 그럴 것
이 자본 배분을 모르면 캐피털시티를, 플로트를 모르면 가이코
를 제대로 이해할 수 없기 때문이다.

　버핏에 관한 지식의 진화를 지속적으로 이어갈 수 있었던 것
은 순전히 그를 깊이 탐구한 사람들 덕택이다. 어떤 사람은 버크
셔 해서웨이의 연례 주주 서한을 해부해서, 어떤 사람은 주주총
회 내용을 기록해서, 어떤 사람은 폭넓은 인터뷰를 통해서, 어떤
사람은 투자 사례를 면밀히 분석해서 책을 저술함으로써 버핏
추종자들의 혜안을 넓혀줬다.

"이제 더 파헤칠 내용이 남아 있을까?" "밝혀지지 않은 비밀이 존재할까?" 심지어 "내가 버핏에 대해 모르는 사실이 있을까?" 하는 오만한 생각까지 들던 찰나, 이 책을 만났다. 1965년부터 1985년까지 버핏 휘하에서 버크셔 해서웨이가 침몰해가던 섬유사업을 벗어나 복리 기계로 변신해가는 과정을 담았다. 기존에 보지 못했던 주제다.

분명 버핏을 처음 접하는 독자들을 위한 내용은 아니다. 하지만 그에 대해 하나라도 더 알고자 하는 마니아들에게는 심화 학습을 위한 훌륭한 기회를 제공해준다. 특히 책을 읽다 보면 버핏에게 빙의해 롤플레잉을 하는 듯한 생생한 느낌이 드는데, 지은이의 치열한 노력의 결과 굵직한 의사결정이 이뤄질 당시 버크셔 해서웨이의 재무제표와 시가총액, 주식 매수와 기업 인수에 지불한 가격 등 풍부한 숫자가 주어지는 덕분이다.

나는 이 책을 통해 지금껏 차례차례 터득했던 개념인 경제적 해자, 자본 배분, 플로트에 대한 이해를 더욱 뾰족하게 만드는 수확을 거뒀다. 예컨대 버핏은 섬유사업에서의 어려움과 씨즈캔디에서의 성공적인 경험을 대비해가며 경제적 해자의 중요성을 절감했을 것이다. 가치를 올릴 수 있는 곳과 올릴 수 없는 곳을 면밀히 가리는 버핏의 현란한 플레이는 연례 주주 서한에서 다 드러내지 못했던 자본 배분의 정수를 보여준다. 버크셔 해서웨이 태동기에 내셔널 인뎀너티와 블루칩스탬프의 플로트를 활용한 투자법은 재보험 부문이 너무나도 커져버린 현재 시점에 비해 피부에 더 와닿는 실전적 체험을 가능케 한다.

우리는 버핏이 주식 투자자로서 이룩한 최종 성과, 그리고 미국의 대표적인 대기업 중 하나로 성장한 버크셔 해서웨이의 현재 규모에 열광한다. 그러나 그 결과를 진심으로 흉내 내고 싶은 버핏 워너비라면 그의 시작점에서 먼저 배워야 한다. 이 책은 현미경을 들이댄 버핏의 창업 스토리라고 불러도 크게 틀리지 않을 것 같다. 이제 고뇌하며 답을 찾아가는 창업자이자 사업가이자 투자자인 35세의 젊은 버핏을 만나보자.

최준철
VIP자산운용 대표

이 책은 버크셔 해서웨이와 블루칩스탬프, 웨스코파이낸셜, 가이코의 연차보고서 일부를 그대로 인용했다. 또한 워런 버핏과 찰리 멍거의 주주 서한 일부도 그대로 인용했다. 이 책에 수록한 모든 인용문은 워런 버핏과 찰리 멍거의 허락을 받았음을 밝힌다.

일러두기

- 단행본은《 》, 잡지(월간지, 비정기간행물)와 신문은〈 〉, 기사와 논문은 " "로 표기했다.
- 지은이의 주석은 미주로, 옮긴이의 주석은 각주로 표시했다.
- 표의 수치는 심도 있는 조사를 통해 정확성을 기하려는 지은이의 의도를 반영해 미국 달러 단위로 기재했다(별도 표기가 없는 경우). 다만 본문에서는 수치를 대개 1만 또는 1,000만 달러 단위에서 반올림해 기재했으므로 다소 오차가 있다.
- 외래어 표기법을 준수했으나 일부는 해당 기업이 사용하는 표기를 따랐다.
- 마이너스(-) 수치는 괄호 안에 넣어 표기했다.

차례

"과거 경험한 일이 그렇게 될 수밖에 없었던 포괄적 원인을
이해하지 못한다면 경험에 바탕을 두고 미래를 귀납적으로
논증하는 것은 위험하다."

— 존 메이너드 케인스(John Maynard Keynes)[1]

버크셔 해서웨이(Berkshire Hathaway)는 세계 역사상 가장 위대
한 기업이다. 이를 설명하며 워런 버핏(Warren Buffett)과 버크셔
를 다룬 책이 그동안 아주 많이 출간되었다. 《버크셔 해서웨이
의 재탄생》은 그 훌륭한 책들을 대체하거나 쉽게 설명하는 것이
아니라 보완하려는 시도에 가깝다. 그래서 독자는 버크셔 해서
웨이 주주 서한과 버핏의 삶을 다룬 몇몇 전기를 먼저 읽어보기
를 권한다.

투자를 검토하는 사람은 재무 데이터 분석에 많은 시간과
노력을 들인다. 하지만 대다수는 개략적인 스토리텔링에 의존
하여 과거 투자를 분석한다. 이 책은 그 틈새를 메운다는 목표를
세우고 각 시점에 투자자가 바탕을 두었을 법한 관점에서 버크
서 해서웨이의 역사를 분석한다.

미식축구팀은 다음 경기를 준비하며 ESPN에서 방영하는
'스포츠센터(SportsCenter)' 하이라이트가 아니라 실제 경기 영
상을 시청한다. 역사책은 쿼터백(quarterback)이 공을 던진 후 리
시버(receiver)가 엔드존(end zone)에서 창의적인 터치다운 춤을
추는 장면으로 곧장 이어지는 하이라이트에 가깝다. 물론 역사
책을 비판하려는 의도는 전혀 없다. 개략적인 스토리텔링은 특
히 전문적인 지식이 없는 일반 대중에게 아주 유익하다. 하지
만 하이라이트는 미래에 실제 결정을 내려야 할 투자자에게는

가치가 없다. 미식축구 코치는 라인배커(linebacker)가 블리칭(blitzing)[•]할 때 쿼터백이 패스할 시간을 충분히 확보하도록 라인맨(lineman)^{••}이 어떻게 블록(block)하는지 보려고 영상을 분석한다. 쿼터백은 리시버가 특정 경로로 달릴 때 수비 전술을 어떻게 조정하는지 보려고 영상을 분석한다. 이 책은 하나의 기업으로서 버크셔 해서웨이의 세부 사항을 빈틈없이 더 깊이 분석하려는 투자자를 위한 '실제 영상'이다.

따라서 모든 사람을 위한 책은 아니다. 하지만 나는 버크셔 해서웨이의 재무제표와 연차보고서에 더 많은 관심을 둘 필요가 있다고 생각했다. 그래서 워런 버핏이 과거 실제 사업과 투자 결정을 내릴 때 검토했던 중요한 정보를 독자가 직접 볼 기회를 제공하려고 한다. 이 책은 과거 내가 위대한 버크셔 해서웨이를 공부하는 과정에서 한 권쯤 있으면 좋겠다고 생각했던 바로 그 책이다.

독자가 염두에 두어야 할 사항 세 가지를 미리 밝힌다. 첫째, 나는 버크셔 해서웨이와 워런 버핏의 열렬한 팬으로서, 이들을 향한 존경심 덕분에 어찌 되었든 다소 편향된 관점을 지닐 수밖에 없다는 점을 인정한다.

둘째, 이 책은 후견 편향(hindsight bias)에도 노출되어 있음이 확실하다. 후견 편향은 현시점에 과거를 돌아보면 사건 당시보다 일이 그렇게 될 것이 더 자명해 보이게 하는 만큼 현혹적이다. 사건은 결과가 아니라 확률에 바탕을 두고 판단해야 하지만,

---

[•] 수비팀이 공격팀의 패스를 방해하기 위해 사용하는 전술.
^{••} 공격팀과 수비팀을 가르는 기준점이 되는 스크리미지 라인(scrimmage line)을 전문적으로 담당하는 역할.

실제 결과가 눈앞에서 아른거리는 상황에서 원칙을 지키기는 어렵다. 모든 세부 사항을 편향 없는 새로운 관점에서 조명하려 노력했는데도 앞서 언급한 편향이 여전히 영향을 미치리라 확신한다.

셋째, 투자 기회는 당시 투자자 앞에 놓인 모든 선택지에 견주어 판단해야 한다. 모든 투자 결정에서 기회비용은 아주 중요한 부분을 이룬다. 내가 버크셔 해서웨이와 버크셔가 투자한 일부 기업을 조사하기는 했지만, 당시 투자자는 다른 선택지를 포기한 데 따르는 기회비용 역시 고려해야 했다. 어떤 기업에 투자하지 않겠다는 결정은 버크셔 해서웨이가 실제 투자한 결정보다 더 중요했을는지도 모른다. 하지만 해당 기간의 금리를 고려하는 것을 넘어 기회비용을 완전히 반영하는 것은 불가능했다.

1960년대 워런 버핏은 버크셔 해서웨이라는 기업에 거금을 투자했는데, 사업은 곤경을 겪고 산업도 꾸준한 하락세에 있었다. 애초에 실질적인 경쟁우위가 없었을뿐더러 해외의 값싼 노동력과 경쟁하는 것은 불가능에 가까웠다.

당시 버핏은 버크셔 해서웨이뿐 아니라 다이버시파이드 리테일링 컴퍼니(Diversified Retailing Company)와 블루칩스탬프(Blue Chip Stamps) 지분도 보유했다. 버크셔는 1978년 다이버시파이드 리테일링을 합병한 뒤 1983년 블루칩스탬프도 합병했다. 다이버시파이드 리테일링은 버핏과 찰리 멍거(Charlie Munger), 데이비드 '샌디' 고츠먼(David 'Sandy' Gottesman)이 볼티모어 소재 백화점 호크실드콘(Hochschild Kohn)을 인수하기 위해 설립한 회사다. 블루칩스탬프는 유통기업의 고객 보상사업을 운영하는 상장기업이었다.

할인점과의 경쟁에서 어려움을 겪은 호크실드콘은 1984년 폐업했다. 버크셔는 다음 해 섬유사업에서 손을 뗐다. 블루칩의 경품권(trading stamp) 매출은 1969년 1억 2,420만 달러[1]에서 1982년 920만 달러[2]로 92.6% 감소했다.

버핏을 부자로 만들어준 버크셔 해서웨이는 이렇게 실패한 기업 세 개로 시작했다. 그러한 역풍과 실수에도 불구하고 버핏은 버크셔 해서웨이를 세계 역사상 가장 위대한 기업으로 바꾸어놓았다.

어떻게 그런 일이 가능했을까?

버핏은 1965년 버크셔의 지배권을 확보했다. 버크셔의 시가총액은 1964년 약 2,170만 달러[3]에서 2019년 말 5,535억 달러로 상승했다. 같은 기간 버크셔 주가가 255만 830% 상승했다는 뜻이다. 다시 말해 버핏이 지배권을 확보한 후 지난 55년간 주가는 2만 5,509배가 되었고 시가총액은 연평균 20.3% 상승했다.

다음 표는 1965년 포천(Fortune) 500대 기업 중 상위 10개 기업을 보여준다(매출 기준 내림차순 정렬).[4] 1965년의 버크셔 해서웨이는 이 목록에 이름을 올리기도 힘든 수준의 기업이었다. 10위 기업인 걸프오일(Gulf Oil)만 해도 매출이 버크셔의 64배, 순이익은 173배에 달했다.

1965년 포천 500대 기업	매출	순이익
1. 제너럴모터스(General Motors)	16,997,000,000	1,734,800,000
2. 스탠더드오일 오브 뉴저지(Standard Oil of New Jersey)	10,814,700,000	1,050,600,000
3. 포드 모터(Ford Motor)	9,670,800,000	505,600,000
4. 제너럴일렉트릭(General Electric)	4,941,400,000	237,300,000
5. 모빌(Mobil)	4,499,400,000	294,200,000
6. 크라이슬러(Chrysler)	4,287,300,000	213,800,000
7. US스틸(U.S. Steel)	4,077,500,000	236,800,000
8. 텍사코(Texaco)	3,573,800,000	577,400,000
9. IBM	3,239,400,000	431,200,000
10. 걸프오일	3,174,300,000	395,100,000
N/A. 버크셔 해서웨이	49,300,685	2,279,206

시간이 흘러 2019년 포천 500대 기업에서 버크셔는 매출 기준 4위를 차지했다. 버크셔는 1965년부터 2019년까지 특히 제너럴일렉트릭(GE)과 비교해 믿기 힘든 수준의 변화를 보였다. 1965년 GE는 버크셔가 도저히 극복하기 어려운 압도적 우위를 점했다. 토머스 에디슨(Thomas Edison)과 전구 발명에 기원을 두는 GE와 비교해 버크셔는 그저 섬유나 생산하는 공장에 불과했다.

1965년 GE의 매출은 49억 달러, 순이익은 2억 3,730만 달러였다. 두 수치 모두 버크셔의 약 100배에 달했다(당시 버크셔 매출 4,930만 달러, 순이익 230만 달러).[5]

GE는 1981년부터 20년간 잭 웰치(Jack Welch)를 CEO로 두는 행운도 누렸다. 많은 사람이 웰치를 역사상 가장 위대한 경영자로 꼽는다. 예컨대 1999년 〈포천〉은 그에게 '세기의 경영자(manager of the century)'라는 칭호를 부여했다. 1965년 GE의 시가총액은 110억 달러로서[6] 같은 해 버크셔 시가총액의 448배 수준이었다.[7]

당시 버크셔가 GE를 따라잡기는 불가능해 보였지만, 버핏의 지배 아래 수십 년이 흐르면서 이제는 GE를 완전히 압도하고 있다. 2019년 말 GE의 시가총액은 975억 달러였고 버크셔는 5,535억 달러였다. 버크셔의 매출은 GE보다 167.4% 높았고, 보고 순이익(814억 달러) 역시 GE(순손실 54억 달러)와 상당한 차이가 있었다.

하지만 버크셔의 2019년 순이익은 진정한 연간 영업활동 순이익(operating earnings)* 을 과장해서 보여준다. 2018년 일반기업회계기준(GAAP)이 개정되어 순이익 계산 시 유가증권 평가손익을 반영하게 되었기 때문이다.

2019년 버크셔의 유가증권 평가이익은 537억 달러였다(잠재 세액 반영 기준).[8] 유가증권 평가액의 변동은 장기적으로 버크셔에 유의미한 영향을 미쳤지만 연도별 변동은 그리 중요하지 않다. 유가증권 평가이익 효과를 제외한다면 2019년 순이익은 277억 달러였을 것이다. 보고 순이익보다 훨씬 낮아졌지만 GE의 순이익보다는 여전히 높은 수준이다.

1965년	제너럴일렉트릭	버크셔 해서웨이
매출	4,941,400,000	49,300,685
순이익(손실)	237,300,000	2,279,206
시가총액	10,901,048,040	24,462,227

2019년	제너럴일렉트릭	버크셔 해서웨이
매출	95,214,000,000	254,616,000,000
순이익(손실)	(5,439,000,000)	81,417,000,000
시가총액	97,466,406,840	553,542,450,740

* 매출에서 영업활동과 직접 관련된 모든 비용을 차감한 이익으로서, '영업이익(operating income)'과 비교해 영업활동에 차입금이나 기타 부채가 필요하다면 관련 이자비용도 차감한다는 점이 다르다. 즉 보고 순이익 중 기업 본연의 영업활동에서 발생한 순이익을 뜻하는데, 의미를 살려 '영업활동 순이익'으로 번역했다.

　지금까지 믿기 힘든 실적을 달성한 버크셔 해서웨이는 철저하게 공부할 가치가 있다. 워런 버핏과 그의 투자를 다룬 책은 이미 많지만 재무제표 분석에 초점을 두지는 않았다. 버핏이 주식시장에 투자해서 올린 성공이 워낙 대단하기에, 하나의 기업이자 (복합기업의—옮긴이) 모회사로서 버크셔 해서웨이의 놀라운 업적은 미디어의 관심을 받지 못했다. 이 책은 버크셔 해서웨이와 그 주요 투자 기업의 재무제표와 미 증권거래위원회 보고 문서에 초점을 둔다.

THE TEXTILE MILL 1955 – 1962

1955년 버크셔 파인 스피닝 어소시에이츠(Berkshire Fine Spinning Associates)와 해서웨이 매뉴팩처링 컴퍼니(Hathaway Manufacturing Company)가 합병하면서 버크셔 해서웨이가 탄생했다.[1] 합병 전 두 기업은 모두 역사가 1880년대까지 거슬러 올라가는 뉴잉글랜드의 주요 섬유공장이었다.

섬유사업은 자본 집약적이어서 1955년 버크셔 총자산 중 재고자산이 41.6%, 유형자산이 30.2%를 차지할 정도였다. 매출채권 역시 총자산의 9.7% 수준이었다.[2] 이러한 영업자산 자금을 조달하는 데 부채를 거의 사용하지 않았기에 자기자본의 상당액을 유형자산에 투자했다.[3]

1955년 순이익은 30만 7,222달러였으므로 총자산이익률(return on assets, ROA)은 0.5%였다.[4] 부채 규모가 작아서 자기자본이익률(return on equity, ROE)도 비슷한 수준이었다.

	1955년	자산총계 대비 비율(%)
현금	4,169,413	7.6
유가증권	4,332,595	7.8
매출채권	5,343,060	9.7
재고자산	22,977,417	41.6
유동자산	36,822,486	66.7
기타 비유동자산	1,722,328	3.1
유형자산	16,655,267	30.2
자산총계	55,200,081	100.0
매입채무	2,334,372	4.2
미지급 급여	638,080	1.2
미지급 법인세(연방·주정부 합산)	189,053	0.3
미지급 사회보장세 및 원천징수세	638,820	1.2
유동부채	3,800,325	6.9
비유동부채	–	–
부채총계	3,800,325	6.9
보통주 자본금	11,472,820	20.8
자본잉여금	1,849,611	3.4
이익잉여금	38,077,326	69.0
자본총계	51,399,756	93.1
부채 및 자본 총계	55,200,081	100.0

1955년 초 버크셔 해서웨이 주가는 14.75달러[5]에 거래되었고 시가총액은 3,380만 달러였다.[6] 당시 장부가치* 는 5,140만 달러였고 순유동자산은 3,300만 달러였다.[7] 따라서 버크셔는 장부가치의 약 3분의 2 가격에 거래되었고, 시가총액이 운전자본에서 총부채를 차감한 순운전자본과 비슷했다.

	1955년
유동자산	36,822,486
– 부채총계	3,800,325
순유동자산	33,022,161
시가총액	33,844,819
장부가치	51,399,756
주가순자산배수(price to book value, PBR)	0.658

버크셔는 1955년부터 1961년까지 순이익을 내기 어려운 상황이었고, 1960년을 제외하면 순손실이나 한 자릿수 초반 순이익률을 기록했다. 같은 기간 누적 매출은 4억 4,140만 달러였는데 누적 적자가 150만 달러에 달했다.[8]

•   따로 언급하지 않는 한 '장부가치'는 순자산 또는 자기자본의 장부가액을 뜻한다.

연도	매출	순이익(손실)	순이익(손실)률(%)
1955년	65,498,284	300,722	0.5
1956년	68,042,770	922,548	1.4
1957년	66,098,223	(3,258,034)	(4.9)
1958년	61,956,405	(4,975,460)	(8.0)
1959년	69,511,792	1,322,099	1.9
1960년	62,608,679	4,623,980	7.4
1961년	47,722,281	(393,054)	(0.8)
계	441,438,434	(1,457,199)	(0.3)

　　7년 누적 적자를 기록한 버크셔의 누적 배당 지급액은 총 900만 달러에 달했다. 순이익이 대폭 증가하지 않는데도 경영진이 배당을 지급하면 사실상 회사를 청산하는 것과 똑같은 효과를 낳는다. 7년 누적 배당은 1961년 말 자기자본의 약 25%에 달했다. 더구나 버크셔는 주주 환원 정책의 일환으로 자사주도 매입했다. 7년간 자사주 매입액은 같은 기간 배당 지급액과 비슷했다.

　　다음 표는 주주 환원액 대 자기자본 비율을 통해 그것이 얼마나 중대한 결정이었는지를 보여준다. 1950년대 후반 버크셔의 자본 구조에 큰 변화가 있었다는 점을 고려해도 배당 지급액과 자사주 매입액은 향후 지속 불가능한 수준이었다.[9]

1955년 자기자본의 장부가액	51,399,756
1955~1961년 누적 배당 지급액	9,013,531
1955~1961년 누적 자사주 매입액	7,765,935
1955~1961년 누적 주주 환원액	16,779,466
1961년 자기자본의 장부가액	36,175,695
누적 주주 환원액 대 1955년 자기자본 비율(%)	32.6
누적 주주 환원액 대 1961년 자기자본 비율(%)	46.4

게다가 같은 기간 자본적 지출 1,510만 달러도 있었는데,[10] 대개 성장을 위한 투자가 아니라 그저 회사를 유지하며 말 그대로 '공장을 계속 돌리기 위한(keep the lights on)' 지출이었다. 같은 기간 매출이 감소하면서 (영업활동에서 창출한 자본이 줄어―옮긴이) 더 많은 자기자본을 사업에 투입했다. 경영진은 초과현금뿐 아니라 보유 유가증권을 매도해서 자본적 지출과 배당, 자사주 매입 자금을 충당했다.

연도	매출	전년 대비 증감률(%)	연평균 증감률(%)*
1955년	65,498,284		
1956년	68,042,770	3.9	3.9
1957년	66,098,223	(2.9)	0.5
1958년	61,956,405	(6.3)	(1.8)
1959년	69,511,792	12.2	1.5
1960년	62,608,679	(9.9)	(0.9)
1961년	47,722,281	(23.8)	(5.1)

* 기준 연도: 1955년

같은 기간 자본적 지출은 감가상각비를 초과했다. 당시 버크셔의 사업이 성장하지 못했다는 점을 고려할 때 감가상각비를 진정한 자산 대체원가의 대용물로 보기는 어렵다.

아울러 이자비용, 법인세, 감가상각비 및 무형자산상각비 차감 전 이익(EBITDA) 같은 이익 기준을 같은 기간 버크서 분석에 적용하는 것도 적합하지 않다. 사업을 유지하기 위해 감가상각비 총계보다 많은 돈이 필요했다고 해서, 장기간에 걸쳐 반드시 발생하는 의무적 지출인 감가상각비를 분석에서 제외하는 것은 합당하지 않다.

연도	자본적 지출	감가상각비[11]	차액
1955년	1,201,470	1,799,447	(597,977)
1956년	1,334,158	1,895,806	(561,648)
1957년	2,334,356	1,971,157	363,199
1958년	1,279,848	1,941,476	(661,628)
1959년	1,125,253	1,636,769	(511,516)
1960년	3,818,632	1,713,004	2,105,628
1961년	4,020,542	2,128,699	1,891,843
계	15,114,259	13,086,358	2,027,901

"당사 이사회는 노후한 장비를 갖춘 고비용 공장을 폐쇄하고 청산한 후 다른 공장을 현대화하고 통합함으로써, 경기가 회복했을 때 이익을 낼 수 있는 수준으로 전체 사업 규모를 줄이는 것이 결국 주주이익을 최대화하리라고 판단했다."

— 버크셔 해서웨이, 1958년 연차보고서

위 기간 버크셔는 자사주를 매입하면서 유통주식수를 줄였다. 경영진은 이익이 나지 않는 공장을 폐쇄하고 그 청산 대금을 장비 현대화와 자사주 매입에 지출했다. 주주로서는 자본을 활용할 대안과 비교해 자사주 매입이 괜찮은 투자로 보였을 것이다.

장비가 노후해 비용이 많이 발생하는 공장을 청산하는 것은 일리가 있다. 경영진은 청산 대금을 더 많은 신규 공장과 장비에

투자할 수도 있었는데, 그러한 유형의 영업활동은 과거 이익률
이 낮았다.

따라서 낮은 투하자본이익률(return on invested capital, ROIC)
을 근거로 더 높은 투하자본이익률이 기대되는 다른 사업으로
자본을 이동하는 것이 합리적인 결정이었을 것이다. 하지만 경
영진은 그럴 의향이 없었기에 남은 선택지 중 택할 만한 것은 주
주 환원밖에 없었다.

연도	매입 자사주 수[12]	유통주식수
1955년	–	2,294,564
1956년	48,450	2,246,114
1957년	140,145	2,105,969
1958년	–	2,105,969
1959년	169,648	1,936,321
1960년	310,802	1,625,519
1961년	18,139	1,607,380
계	687,184	

경영진은 주주 환원 방법으로 배당이나 자사주 매입을 택할
수 있는데, 버크셔는 두 방법을 모두 시행했다. 배당은 이중 과세
문제가 있다. 즉 기업은 연간 이익에 대해 법인세를 납부하고 주
주 역시 지급받은 배당금에 대해 소득세를 납부한다. 이 시기에

는 개별 주주의 소득세율에 따라 배당소득세율이 결정되었다.[*]

기업이 자사주를 매입하면, 주식을 계속 보유하는 주주는 두 번째 유형의 세금, 즉 배당소득세를 납부하지 않아도 된다. 기업 역시 법인세는 계속해서 납부하지만 자사주 매입 시 추가 납부할 세금은 없다. 배당이 없다면 주주는 보유주식을 매도할 때 실현한 자본이득에 대해서만 세금을 내면 된다. 즉 주식을 계속 보유하는 주주가 자사주 매입을 통해 세금을 이연할 수 있다는 뜻이므로 대개 주주이익에 도움이 된다.

위 기간에 걸쳐 버크셔의 장부가치와 순운전자본 총액은 감소했지만, 유통주식수도 감소하면서 주당 기준에서는 다소 나은 결과를 보였다. 장부가치는 1959~1961년 7.0% 감소했지만 주당 기준에서는 12.0% 증가했다. 같은 기간 순운전자본 역시 23.3% 감소했지만 주당 기준에서는 7.5% 감소하는 데 그쳤다.

● 미국 배당소득세율은 면제(1913~1936년), 개인 소득세율(1936~1939년, 최대 79%), 면제(1939~1953년), 개인 소득세율(1954~1985년, 최대 90%; 1985~2003년, 최대 50%)의 역사를 거쳐 2003년부터 현재까지 15%가 적용된다. 이번 장에서 다루는 1955~1962년에는 최대 90%의 개인 소득세율이 적용되었다.

	1959년	1960년	1961년	1959~1961년[13]
순운전자본*	25,858,987	23,430,319	19,844,122	
증감률(%)		(9.4)	(15.3)	(23.3)
주당 순운전자본	13.35	14.41	12.35	
증감률(%)		7.9	(14.3)	(7.5)
장부가치	38,911,549	37,981,820	36,175,695	
증감률(%)		(2.4)	(4.8)	(7.0)
주당 장부가치	20.10	23.37	22.51	
증감률(%)		16.3	(3.7)	12.0

* 운전자본－총부채

버크서가 생산하던 섬유는 범용재(commodity product)에 속
했다. 고객은 최저 비용 제조사를 원했고, 버크서가 더 높은 가
격을 책정할 만한 브랜드 같은 차별화 요소는 존재하지 않았다.
미국 섬유 제조사가 해외의 값싼 노동력과 경쟁하는 것은 불가
능했다.

버크서 해서웨이 1955년 연차보고서에 따르면 일본 근로자
의 시급은 0.15달러 이하였는데 당시 미국의 최저 시급은 1.00달
러였다.[14] 범용재시장에서는 저비용 생산자가 승리하기 마련이
고, 버크서와 미국 내 경쟁사는 해외 경쟁사와 싸워 이길 가능성
이 없었다.

"최근 면직물 수입의 급증은 당사뿐 아니라 섬유산업 전체
에 심각한 위협을 가한다. 지금도 일본산 직물이 계속해서
이전 기록을 갈아치우며 미국으로 물밀듯이 들어오고 있다.

근로자 시급이 15센트도 안 되는 일본은 어떠한 가격이든 관계없이 미국 내 모든 공장보다 저렴한 가격에 판매할 수 있다."

— 버크셔 해서웨이, 1955년 연차보고서

특정 시점에 주가가 저렴했던 것을 제외하면 버크셔는 매력적인 요소가 없었다. 예컨대 1957년 주가는 5달러 수준으로 하락했다.[15] 그 결과 시가총액은 1,120만 달러가 되었는데, 직전 회계연도 장부가치의 22.3%에 불과했다. 당시 버크셔의 유동자산만 해도 4,100만 달러였고 총부채는 960만 달러였다. 순설비자산(net plant asset)과 기타 비유동자산은 제쳐두더라도 순유동자산만 해도 1957년 연중 시가총액 저점의 3배 수준인 3,140만 달러였다. 1957년 버크셔의 시가총액은 회사를 청산했을 때 소유주가 얻을 몫의 가치보다 훨씬 낮았다.

다음 표는 1957년 버크셔의 시가총액이 합당한 공정가치라는 결론을 내리는 데 필요한 가정 하나를 보여준다. 즉 버크셔가 매출채권의 60%만 회수할 수 있고, 재고자산의 시장가격은 장부가액의 약 25%이며, 순설비자산은 시장에서 장부가액의 3분의 1 가격에 거래되고, 기타 비유동자산은 가치가 없다는 가정을 두어야 한다. 이것이 모두 사실이어야 버크셔의 청산가치를 당시 시가총액인 1,120만 달러로 추정할 수 있다.

	장부가액[16]	가정 금액	가정 금액 대 장부가액 비율(%)
현금	2,554,457	2,554,457	100.0
매출채권	7,136,305	4,281,783	60.0
유가증권	482,288	482,288	100.0
재고자산	30,842,230	7,847,512	25.4
기타 비유동자산	1,812,116	–	0.0
순설비자산	17,131,036	5,653,242	33.0
– 총부채	9,588,712	9,588,712	100.0
순자산	50,369,720	11,230,570	22.3

당시 버크셔는 전혀 인상적인 기업이 아니었지만, 그렇다고 해도 위 가정은 지나치게 비관적이다. 비유동자산은 토지와 건물, 기계, 장비, 비연결 자회사 투자주식, 기타 자산으로 구성되어 있었다. 이 모든 자산이 그렇게 낮은 가치에 청산될 가능성은 아주 작았다. 영위하는 사업이 형편없었다는 점을 고려하더라도 위 기간 버크셔 주식은 지나치게 낮은 가격에 거래되었다.

시간이 흘러 1959년 시가총액은 1957년 저점에서 143.8% 상승한 2,740만 달러 수준을 회복했다.[17] 1957년 저점에서 버크셔에 투자했다면 2년간 연평균 투자수익률 56.1%를 올렸을 것이다. 1959년 시가총액은 당시 유동자산에서 총부채를 차감한 순운전자본과 비슷했으니 좀 더 합리적인 수준이 되었다. 하지만 시장은 여전히 버크셔의 가치를 그리 높게 보지 않았다.

THE INVESTMENT 1962 – 1965

워런 버핏은 1962년 말경 버크셔 해서웨이 주식을 주당 7.51달러에 처음 매수했다.[1] 2019년 말 버크셔(A주)의 주가는 33만 9,590달러가 되었다. 1962년 당시 버핏은 버핏파트너십(Buffett Partnership Limited)의 무한책임 파트너(general partner)*였다.

아직 헤지펀드라는 용어가 널리 사용되기 전이었지만, 버핏파트너십은 사실상 헤지펀드에 가까웠다. 버핏은 저평가되었다고 생각하는 주식을 투자자의 출자금으로 매수했다. 버핏파트너십에 출자한 사람은 적어도 1년간 환매할 수 없었다. 매년 말 출자금을 환매할지, 아니면 다음 12개월 동안 계속해서 버핏파트너십에 투자할지 선택할 수 있었다. 버크셔 해서웨이는 버핏이 버핏파트너십의 투자 대상으로 선정한 저가주(cheap stock)의 하나였다.

1962년 말 버크셔의 순유동자산은 1,650만 달러, 순자산 장부가액은 3,250만 달러였다.[2] 버핏이 처음 매수했던 가격인 주당 7.51달러에 바탕을 두고 추정한 시가총액은 1,210만 달러였다. 즉 당시 기업 평가액은 순유동자산의 73.3%, 장부가치의 37.2%에 불과했다. 게다가 이전 연도에 적자를 기록해서 누적한 이월결손금이 1962년 말 450만 달러에 달했다.[3] 시가총액이 1,210만 달러에 불과했으므로 이월결손금 공제에 따른 절세 효과의 가치는 아주 컸다.

문제는 절세 효과를 누리려면 먼저 흑자를 내야 한다는 것이었다. 이월결손금 공제 기한은 5년 뒤 만료될 예정이었으므로 1962년 당시에는 절세 효과가 어느 정도일지 불분명했다.

수치상 버크셔 주식이 저렴했던 것은 확실한데, 손익계산서

• 펀드 운용에 관한 무한책임을 지는 출자자로서 대개 운용자를 말한다.

를 보면 저평가의 원인을 이해할 수 있다. 버크셔는 1962년 순
손실 220만 달러를 내면서 흑자 전환에 어려움을 겪었다. 매출
은 1959년보다 23.4% 감소한 5,330만 달러였다.[4]

　게다가 순유동자산과 순자산 장부가액은 1956년부터 버핏이
처음 투자한 1962년까지 각 47.6%와 35.5% 감소했는데, 주요
원인은 두 가지였다. 첫째, 같은 기간 누적 적자가 480만 달러에
달했다. 둘째, 버크셔는 일부 자산을 매각한 초과현금으로 자사주
를 매입하고 배당을 지급했다. 이에 따라 유통주식수가 1956년
224만 6,114주에서 1962년 160만 7,380주로 감소했다.[5]

　이러한 상황에서도 경영진은 이익이 나지 않는 공장을 폐쇄
하고 청산하는 1958년 계획을 고수했고, 청산 대금으로 자사주
를 매입하는 전략을 되풀이했다. 버크셔 주식이 몹시 저평가되
었다면 공정가치보다 낮은 가격에 자사주를 매입하는 것은 훌륭
한 투자라고 생각했다.

　"버크셔 해서웨이는 여전히 튼튼한 재무 상태를 유지하고
　있고, 향후 유동자산이 운전자본 소요를 넘어서는 여력을 확
　보하리라고 예상한다. 가동 공장이 줄었고 재고자산도 줄어
　들 것으로 예상하기 때문이다. 이러한 상황에서는 초과자산
　을 활용해 유통주식수를 줄이는 것이야말로 수탁자(주주이익
　을 최대화하는 역할을 맡은 경영진을 가리킨다─옮긴이)의 책무다."
　─ 버크셔 해서웨이, 1962년 연차보고서

　"찰리와 저는 두 가지 조건이 충족되었을 때 자사주를 매입
　하는 것에 찬성합니다. 첫째, 회사가 영위하는 사업의 영업

활동과 유동성 소요에 대응할 수 있을 만큼 자금 여력이 충
분해야 합니다. 둘째, 주식이 보수적으로 산출한 내재 사업
가치(intrinsic business value)●보다 대폭 할인된 가격에 거래
되어야 합니다."

— 워런 버핏, 버크셔 해서웨이 2011년 주주 서한[6]

당시 경영진은 회사의 유동자산이 운전자본 소요를 초과하
므로 버핏이 말한 첫 번째 조건은 충족했다고 확신했을 것이다.
버핏도 버크셔 주식이 저평가되었다고 판단해 1962년에 매수했
으니 두 번째 조건을 충족했다고 믿었음이 틀림없다. 버크셔가
자사주를 매입하면, 주식을 계속 보유하는 주주는 추가 투자하
지 않고도 이 저평가된 기업에 대한 지분율이 상승한다.

나아가 당시 버핏과 버크셔를 둘러싼 상황은 향후 주가 상승
을 낳는 촉매가 될 가능성도 있었다. 시장 거래량이 적은 소형주
인 버크셔 주식을 대량 매수하려는 주체는 전체 거래를 완료하
기 위해 호가를 높여야 할 가능성이 컸다.

결국 버핏파트너십은 버크셔 지분을 대량 보유하게 되었다.
자사주를 추가 매입하려고 했던 버크셔 회장 겸 이사회 의장 시
버리 스탠턴(Seabury Stanton)은 버핏과 논의한 끝에, 버크셔가
버핏파트너십이 보유한 지분을 주당 11.50달러에 매수하기로
합의했다.

얼마 지나지 않아 버핏의 우편함에 도착한 문서에 적힌 공식
제안가는 주당 11.375달러였다. 버핏파트너십은 변경된 제안을

● 비교 대상이 주가 또는 시가총액이므로 이에 대응하는 가치 역시 주식 가치
또는 주주가치 기준이어야 한다.

수락하는 대신 계속해서 버크셔 주식을 매수했고, 결국 지배권을 확보했다.[7] 1965년경 버핏파트너십의 지분율은 절반을 넘어섰고 버핏은 이사회에 합류했다.[8]

버핏파트너십은 버크셔 주식을 주당 7.51달러에 처음 매수했다. 이를 기준으로 둘 때 버핏파트너십이 시버리 스탠턴의 첫 번째 제안(11.50달러)을 수락했다면 53.1% 투자수익을 올렸을 것이다. 공식 제안(11.375달러)에서도 51.5% 수익을 낼 수 있었다. 게다가 처음 버크셔 주식을 매수한 지 1년 6개월 만에 실현하는 수익이 되었을 터였다. 물론 첫 매수 이후 대규모 추가 매수하면서 평균 매수가는 7.51달러보다 높아졌지만, 스탠턴의 제안 전까지 추가 매수한 지분의 투자 기간은 더 짧았다.

버핏은 제안을 수락하고 매도 대금을 활용해 다른 저평가 주식에 계속해서 투자할 수도 있었다. 하지만 그 대신 수치상 저평가된 것처럼 보이는 형편없는 기업 인수에 관한 교훈을 곧 배우게 된다. 1966년 초 버핏파트너십은 버크셔 주식 55만 2,528주를 보유해 지분율이 54.3%에 달했다.[9] 평균 매수가는 1965년 주식을 추가 매수하면서 지불한 높은 가격으로 인해 주당 14.86달러였다.[10]

이제 버핏은 지금까지 살펴본 이 형편없는 기업을 떠맡았다. 시간이 흘러 그는 이것이 '최악의 투자 결정'이었다고 회상한다.

> "네브래스카주법에 근거하여 설립된 유한책임조합인 버핏파트너십은 1966년 1월 21일 기준 당사 유통주식의 약 54.3%를 보유하고 있다. 버핏파트너십의 단독 무한책임 파트너는 당사 이사인 워런 버핏이다."
> — 버크셔 해서웨이, 1965년 연차보고서

THE TRANSITION
1965 – 1967

워런 버핏은 1965년 버크셔 해서웨이의 지배권을 확보하고 이사회 일원이 되었다. 그는 맡은 바 임무를 수행하며 이제 전설이 된 자본 배분을 시작했고 효과가 즉시 나타났다.

1964년 버크셔는 모든 자본을 섬유사업에 투자하고 있었다. 앞서 다뤘듯이 이러한 유형의 사업은 대개 투하자본이익률이 낮다. 버핏은 타 기업 주식으로 자본을 일부 이동한 후 나중에는 보험과 은행사업으로 이동했다. 장비를 매각하고 재고자산을 줄였으며, 1965~1966년 섬유사업에서 순이익을 내서 현금을 창출한 덕분에 재투자할 초과자본을 마련할 수 있었다. 버핏이 지배권을 확보하자마자 시행한 원가 절감 조처가 효과를 내면서 버크셔는 2년간 순이익을 냈다.

> "당사는 막 종료된 회계연도에 간접비를 대폭 줄였다."
> ― 버크셔 해서웨이, 1965년 연차보고서

	1964년	1965년
매출	49,982,830	49,300,685
증감률(%)		(1.4)
매출원가	47,382,337	42,478,984
증감률(%)		(10.3)

버핏이 경영을 맡은 첫해 매출은 1.4% 감소했지만 매출원가
는 10.3%나 감소했다.[1] 1965년 연차보고서는 간접비를 대폭 줄
였다는 점을 강조했는데,[2] 절감액 기준에서 아주 의미 있는 결과
였다. 1964년 순이익은 17만 5,586달러에 불과했지만 1965년
절감한 매출원가가 490만 달러에 달했다.[3] 즉 비용 절감액은 직
전 연도 순이익의 28배, 특별항목 반영 전 순이익의 12배에 달했
다. 1964년 특별항목은 유휴설비비용(idle plant expense)* 22만
6,025달러를 포함했다.[4]

1965년 비용 관리에 성공한 버크셔는 다른 곳에 사용할 현
금을 확보했다. 버크셔가 장차 세계에서 가장 위대한 기업으로
변모하는 과정에서 아주 중요한 첫걸음이었다. 기존의 비용 구
조를 유지했다면 순이익을 거의 내지 못했을 것이다. 실제로
1964년 손익계산서에서 확인할 수 있는 것보다 더 많은 자본이
훼손되었다.

버크셔는 1964년 처분 예정 유형자산에서 발생할 기대손실
에 대해 손상차손(write-down) 300만 달러를 인식하고 이익잉여
금(자본 항목)에서 차감했다.[5] 이 300만 달러는 손익계산서에 등장
하지 않기에 순이익이 아니라 자기자본을 줄였다. 1962~1965년
유형자산 손상차손 합계는 620만 달러에 달했다.[6] 특별항목뿐
아니라 손상차손까지 고려한다면 1964년에 순이익이 아니라 순
손실 280만 달러를 기록했을 것이다.**

섬유사업은 1965년 230만 달러, 1966년 280만 달러의 순

* 비영업용 제조설비의 유지보수 및 감가상각비.
** 특별항목 반영 후 순이익(17만 5,586달러)에서 유형자산 손상차손(300만
달러)을 빼서 계산하고, 개념상 총포괄손익에 가깝다.

이익을 냈다.[7] 1962~1964년과 달리 1965~1966년 보고 순이익은 버크셔가 창출한 현금이익을 축소해서 보여준다. 과거 적자 연도에 발생한 이월결손금의 공제가 유효했으므로 버크셔는 1965년과 1966년 순이익에 대한 법인세를 납부하지 않았다.

하지만 투자자가 회사의 진정한 미래 수익성을 오해하지 않도록 손익계산서에 (이월결손금 공제가 없었다면 납부했을 금액 상당의—옮긴이) 법인세비용을 보고했다.[8] 1965년과 1966년 손익계산서에는 각 200만 달러와 220만 달러의 법인세비용 항목이 존재한다. 실제 납부 의무가 없었던 이 비용을 반영하지 않은 현금이익은 1965년 440만 달러, 1966년 500만 달러였다.

		1965년	1966년
순이익		2,279,206	2,762,514
+	법인세비용	2,040,000	2,242,000
+	감가상각비	862,424	963,000
−	자본적 지출	811,812	970,000
잉여현금흐름		4,369,818	4,997,514

1965년과 1966년 모두 자본적 지출과 손익계산서상 감가상각비가 비슷한 수준이었다. 같은 기간 잉여현금흐름과 세후 보고 순이익이 큰 차이가 없었다는 뜻이다. 1965년 잉여현금흐름 440만 달러는 같은 해 버크셔가 창출한 자본의 상당액을 차지했다. 나머지 자본은 재고자산과 유형자산 감소에서 비롯했고 부채 중 매입채무가 증가한 것도 한몫했다.

　　1965년 재무상태표상 유형자산은 전년 대비 95만 3,796달러 감소했고[9] 그중 30만 달러가 손상차손에서 비롯했다.[10] 유형자산 손상차손은 섬유사업의 실제 창출자본의 감소가 아니라 대체원가의 하락을 반영한 것이었다.

　　재무상태표상 현금도 감소했다. 1966년 잉여현금흐름은 500만 달러로 증가했지만 재고자산이 증가하면서 효과를 일부 상쇄했다. 다음 표는 섬유사업의 투하자본 변화를 보여준다. 유가증권의 증가와 부채의 감소는 고려하지 않았다. 표에서 유동자산 항목은 섬유산업에 속하지 않는 기업에 대한 투자인 유가증권을 포함하지 않는다. 부채 역시 섬유사업 내의 투자 결정이 아니라 자본 구조의 변화이므로 제외했다.

	1964년	1965년	1966년
섬유사업: 순유동자산	20,250,361	18,671,799	21,113,650
– 　섬유사업: 순유동부채	3,248,293	3,702,273	3,401,258
섬유사업: 순운전자본	17,002,068	14,969,526	17,712,392
+ 　비유동자산	7,636,685	6,650,588	6,336,733
섬유사업: 투하자본	24,638,753	21,620,114	24,049,125
증감		(3,018,639)	2,429,011

	1965년	1966년
잉여현금흐름	4,369,818	4,997,514
+ 　섬유사업 창출자본	3,018,639	(2,429,011)
– 　유형자산 손상차손	300,000	–
총창출자본	7,088,457	2,568,503

1965~1966년 잉여현금흐름 합계 940만 달러는 1962년 버핏이 처음 버크셔에 투자했던 때의 시가총액 1,210만 달러의 77.4%, 버핏파트너십의 평균 매수가로 추정한 기업 평가액 1,690만 달러*의 55.4%에 달한다. 1965년 총창출자본(total capital generated) 710만 달러만 해도 버핏파트너십이 추정한 기업 평가액의 41.9%에 달했다.

대다수 평범한 경영진은 총창출자본을 곧장 기존 사업에 재투자하고 소액의 배당도 지급했을 것이다. 이것이 바로 버크셔가 지난 세월 반복했던 자본 배분 방식이었다. 하지만 버핏이 지배주주가 되면서 모든 것이 바뀌었다. 1965년 회사채 250만 달러를 상환하면서 버크셔는 무차입기업이 되었다.[11] 나아가 1964년 재무상태표에서 제로(0)였던 유가증권이 1965년 말 290만 달러로 증가했다.[12]

버크셔는 1966년에도 유가증권 투자를 늘려 연말 장부가액 540만 달러를 보고했다.[13] 1965년 자사주도 일부 매입[14]한 결과 유통주식수가 113만 7,778주[15]에서 101만 7,547주[16]로 줄었다.

자본 사용처	1965년	1966년
유가증권 취득	2,900,000	2,545,795
회사채 상환	2,500,000	–
자사주 매입	1,637,844	–
계	7,037,844	2,545,795

● 앞서 버핏파트너십의 버크셔 주당 평균 매수가가 14.86달러였고, 당시 유통주식수가 113만 7,778주라고 했으므로(당시 10월 결산) 두 값을 곱해 추정한 인수 시점의 기업 평가액은 1,690만 7,381달러다.

1966년 연차보고서를 통해 유가증권이 구체적으로 어떻게 구성되었는지 알 수 있다. 포트폴리오의 88.1%를 채권에 투자했고 나머지는 보통주에 투자했다.[17]

버크셔는 첫 번째 보험 자회사 내셔널 인뎀너티(National Indemnity)를 1967년 인수했다. 버핏은 아마도 이전 몇 년간 인수후보를 물색했을 텐데, 이것이 당시 채권 비중이 상당히 높았던 이유일지도 모른다. 1967년 내셔널 인뎀너티를 인수한 후 버크셔는 유가증권 포트폴리오를 100% 보통주로 구성했다.[18]

> "주주 여러분의 최고경영자는 4년 전 자본을 전적으로 섬유산업에만 투자했을 때 달성 가능한 수준보다 더 꾸준하고 견고한 이익 창출력(earning power)을 반드시 구축하겠다고 약속했습니다. 이를 위한 자금을 일시적으로 유가증권 투자에 사용했는데, 우리의 투자 및 사업 기준을 충족해서 인수할 만한 사업회사(operating business)를 기다리고 있었습니다."
>
> — 워런 버핏, 버크셔 해서웨이 1969년 주주 서한

버크셔가 1965년과 1966년에 위 자본을 창출했다는 사실이 얼마나 중요한지 몇 번이고 반복해서 말해도 지나치지 않다. 섬유사업은 결국 1985년에 중단하지만 그때까지 오랜 기간 곤경을 겪었다. 다른 사람이 소유주였다면 섬유사업을 훨씬 일찍 중단했을 것이다. 미국에서 1980년부터 1985년까지 폐업한 섬유공장은 250개에 달했다.[19] 버크셔가 섬유사업이 아닌 다른 곳으로 자본을 배분하지 않았다면 현재 이 거대기업은 존재하지 않았을지도 모른다.

2019년 말 버크셔와 자회사의 합산 종업원은 39만 1,500명이었고[20] 같은 해 연간 자본적 지출이 160억 달러에 달했다.[21] 자본적 지출은 철도를 수리하고 풍력발전소를 건설하며 관련 장비를 구매하는 등 아주 많은 일에 쓰였다. 이러한 사업은 버크셔 외부에서도 고용을 창출한다. 미국 정부의 2019년 연간 법인세 세입은 2,430억 달러였는데, 버크셔는 그중 1.5%를 부담했다.[22]

충실한(prudent) 경영진과 재무적 보수성 덕분에 필요시 경제에 초과자본을 공급하기도 했다. 2008~2009년 금융위기처럼 어려운 시기에 버크셔는 GE와 골드만삭스(Goldman Sachs) 같은 기업에 유동성을 공급했다. 보험업계에 유동성이 부족해지면 버크셔가 나타나 보험을 인수한다.

과거 버크셔 주식은 장부가치 대비 할인된 가격에 거래되었지만, 이 시점 이후 신규 취득한 일부 자산의 시장가격은 장부가액보다 높았다. 1965년 현금과 유가증권은 총자산의 13%를 차지했는데[23] 1966년에는 18.5% 이상으로 상승했다.[24] 재무상태표에 취득원가로 보고했던 유가증권(주식과 채권)의 평가액은 훨씬 높았다. 포트폴리오 평가액은 1966년 소폭 상승 후 1967년 680만 달러로 상승했는데 장부가액은 390만 달러에 불과했다.[25] 이렇게 다른 것은 버크셔가 보유한 주식의 평가이익이 상당했기 때문이다.

1965년부터 1967년까지 배당과 이자비용, 유가증권 처분 손익 반영 전 영업이익 합계는 960만 달러에 달했다.[26] 따라서 포트폴리오 평가이익 300만 달러는 결코 작은 규모가 아니었다. 게다가 영업이익은 이자비용과 법인세뿐 아니라 유휴설비비용 같은 일회성 비용도 차감하기 전 이익이다. 1967년 총자산은

3,800만 달러였는데, 유가증권을 공정가치로 보고했다면 7.9% 증가했을 것이다.[27]

1964년 버크셔 주식은 장부가치의 45.1~71.7% 가격에 거래되었고,[28] 1965년에는 장부가치의 69.4~110.5%에 거래되었다.[29] 중요한 전환기였던 1967년에도 여전히 장부가치의 56.9~70.7% 수준에 머물렀다.[30] 재무상태표의 유가증권을 공정가치로 보고했다면 1968년 말 기업 평가액[31]은 장부가치의 66.1% 수준이었을 것이다.[32] 여기에서 현금과 유가증권은 보험 자회사가 아니라 모회사의 보유 자산을 기준으로 한다.

버크셔는 당시 본업인 섬유 제조와 아주 다른 유형인 보험 부문을 비연결 자회사로 분류해 보고했다. 따라서 다음 표[33]는 보험 자회사가 보유한 유가증권 포트폴리오를 포함하지 않는다. 버크셔는 1969년 일리노이 내셔널뱅크 앤드 트러스트 컴퍼니 오브 록퍼드(Illinois National Bank & Trust Company of Rockford)를 인수하기 위해 유가증권 포트폴리오 대부분을 현금화했다.

유가증권	장부가액	평가액	평가이익률(%)
1964년	–	–	–
1965년	2,900,000	*	*
1966년	5,445,795	5,458,238	0.2
1967년	3,856,517	6,845,000	77.5
1968년	5,421,384	11,824,000	118.1
1969년	294,165	297,120	1.0

* 연차보고서상 미공시

1967년 버크셔의 장부가치와 시가총액은 지금 돌아봐도 아주 흥미롭다. 당시 연중 시가총액은 1,680~2,090만 달러의 범위를 보였다.[34] 1967년 3월 버크셔는 내셔널 인뎀너티를 860만 달러에 인수했다.[35] 인수가에 의문을 표하는 투자자가 있었을지 몰라도, 당시 버핏은 이미 훌륭한 트랙레코드를 갖춘 전설적인 투자자였다.

버핏이 지불한 860만 달러가 내셔널 인뎀너티의 공정가치라고 해보자. 당시 버크셔는 공정가치가 550만 달러에 이르는 주식 포트폴리오도 보유하고 있었다. 두 값을 더한 1,410만 달러는 1967년 말경 버크셔 시가총액의 83.9%에 해당한다(연중 저점인 1,680만 달러 기준—옮긴이). 다시 말해 시장은 버크셔 섬유사업의 가치를 아주 낮게 보았다. 그래서 버크셔 주식은 대개 장부가치 대비 할인된 가격에 거래되었지만, 그렇다고 시장이 섬유사업의 가치가 사실상 제로(0)라고 암시한 적은 한 번도 없었다.

내셔널 인뎀너티와 주식 포트폴리오를 제외하면 시가총액에서 270만 달러가 남는다. 당시 버크셔의 매출채권은 810만 달러였고 재고자산은 1,220만 달러, 순설비자산은 630만 달러였다. 이들을 더한 후 총부채 340만 달러를 빼면 섬유 영업자산의 가치 2,320만 달러를 도출할 수 있다. 하지만 시장이 매긴 가격은 270만 달러에 불과했다.[36] 간접비 절감과 직전 몇 년간 유가증권 평가이익이 아주 인상적이었는데도 말이다.

시장이 이러한 성과를 두고 프리미엄을 부여하지 않았던 것은 아마도 버핏의 능력이 정점을 찍었고 이제 하락할 일만 남았다고 판단했기 때문인 듯하다. 어쩌면 당시 버크셔에서 어떤 변화가 일어나는지 정확하게 깨달은 사람이 거의 없었기 때문일지도 모른다.

이 기간 버크셔의 전환에서 가장 중요한 변화는 유가증권 포트폴리오에서 일어났다. 1966년 말 유가증권 포트폴리오에서 채권 비중은 87.9%였고 나머지는 주식에 투자했다. 그중 인베스터스 다이버시파이드 서비스(Investors Diversified Services) 비중이 56.9%로 가장 높았고 월트디즈니 프로덕션(Walt Disney Productions, 26.7%), 존 블레어 앤드 컴퍼니(John Blair & Company, 8.3%), 매사추세츠 인뎀너티 앤드 라이프 인슈어런스 컴퍼니 (Massachusetts Indemnity & Life Insurance Company, 8.2%)가 뒤를 이었다.[37]

1966년	보유주식수	비중(%)[*]	장부가액	평가액
존 블레어 앤드 컴퍼니	3,300	1.0	48,825	54,450
월트디즈니 프로덕션	3,900	3.2	168,651	175,500
인베스터스 다이버시파이드 서비스(A주)	13,371	6.9	374,528	374,388
매사추세츠 인뎀너티 앤드 라이프 인슈어런스 컴퍼니	2,200	1.0	55,462	53,900
채권	–	87.9	4,798,329	4,800,000
계			5,445,795	5,458,238

* 평가액 기준—옮긴이

1967년 연차보고서를 보면 아메리칸익스프레스(American Express)와 플로리다 가스 컴퍼니(Florida Gas Company), 스페리 앤드 허친슨(Sperry and Hutchinson), 랭크 오거나이제이션(Rank Organization)을 추가 편입했음을 알 수 있다.

1968년 리글리(Wrigley)와 크럼프턴 컴퍼니(The Crompton Company)를 추가하면서 포트폴리오 기업이 10개로 늘었다. 채권 비중은 11.3%로 하락했고, 비중 상위 1~3위 기업이 전체 포트폴리오의 68.5%를 차지했다(평가액 기준). 아메리칸익스프레스 비중이 29.2%로 가장 높았고 스페리 앤드 허친슨(20.5%)과 인베스터스 다이버시파이드 서비스(18.8%)가 뒤를 이었다.[38]

1968년	비중(%)*	장부가액	평가액	평가이익률(%)
아메리칸익스프레스	29.2	1,065,000	3,454,000	224.3
존 블레어 앤드 컴퍼니	5.8	227,880	683,000	199.7
월트디즈니 프로덕션	10.5	290,669	1,247,000	329.0
플로리다 가스 컴퍼니	0.1	6,504	10,000	53.8
인베스터스 다이버시파이드 서비스(A주)	18.5	1,162,456	2,191,000	88.5
인베스터스 다이버시파이드 서비스(B주)	0.2	14,962	29,000	93.8
매사추세츠 인뎀너티 앤드 라이프 인슈어런스 컴퍼니	0.8	55,462	99,000	78.5
랭크 오거나이제이션	1.2	37,977	137,000	260.7
스페리 앤드 허친슨	20.5	1,036,209	2,429,000	134.4
크럼프턴 컴퍼니	0.2	23,203	26,000	12.1
리글리	1.6	165,902	184,000	10.9
채권	11.3	1,335,160	1,335,000	0.0
계		5,421,384	11,824,000	118.1

* 평가액 기준—옮긴이

이 기간에 걸쳐 버크서가 유가증권 포트폴리오에 편입한 모든 기업의 평가액이 상승하면서 아주 뛰어난 투자수익을 올렸다. 실적이 가장 좋지 않았던 리글리도 누적 수익률 10.9%를 기록할 정도였다. 월트디즈니 평가액은 329.0% 상승했고 랭크 오거나이제이션은 260.7%, 아메리칸익스프레스는 224.3% 상승했다.

1967년부터 1968년까지 버크서 주식 포트폴리오의 평가이익은 총 640만 달러에 달했는데, 같은 기간 섬유사업의 세전 영업이익[39] 합계는 220만 달러에 불과했다.[40] 버크서의 주식 포트폴리오는 순이익에 큰 영향을 미쳤을 뿐 아니라 다른 사업으로 처음 확장하는 자금을 충당하는 데 큰 도움이 되었다.

THE ACQUISITIONS 1967 – 1969

내셔널 인뎀너티

"1967년 3월 당사는 857만 7,000달러를 지불하고 내셔널 인뎀너티 컴퍼니의 유통주식 약 99%와 내셔널 파이어 앤드 마린 인슈어런스 컴퍼니(National Fire & Marine Insurance Company)의 유통주식 100%를 취득했다. 두 회사는 모두 네브래스카주 오마하에 본사를 두고 있다."

— 버크셔 해서웨이, 1967년 연차보고서

1940년 잭 링월트(Jack Ringwalt)가 설립한[1] 내셔널 인뎀너티는 오마하에 있는 사옥을 계열사 내셔널 파이어 앤드 마린과 함께 사용했다. 두 회사는 손해보험업을 영위했고 버크셔가 인수할 당시 보험료는 대부분 자동차보험 부문에서 발생했다.[2] 내셔널 인뎀너티 인수는 버크셔가 섬유산업을 벗어나 전혀 다른 산업에 속한 완전 소유 기업에 자본을 배분한 최초 사례다. 이익 창출력을 다각화했다는 일차적 의미 외에도 내셔널 인뎀너티에는 매력적인 요소가 많았다.

보험업은 보험사가 먼저 보험료를 받고 보험금을 나중에 지급하는 사업이다. 이러한 시차 덕분에 보험사는 언젠가 계약자에게 지급할 자금으로 투자해서 수익을 낸다. 이 자금을 가리켜 '플로트(float, 책임준비금)'라고 한다. 내셔널 인뎀너티는 은행 대출 형태의 부채가 전혀 없었다. 은행은 이자를 부과하고 지정한 일자에 대출금 전액 상환을 요구하며 상환청구권도 갖는다. 대신 내셔널 인뎀너티는 플로트와 기타 부채라는 레버리지를 활용했다.

"플로트는 지급 준비금(loss reserve)과 손해사정비 준비금(loss adjustment expense reserve), 미경과보험료 적립금(unearned premium reserve) 합계에서 대리점 미수금(agents' balance)과 선급 신계약비(prepaid acquisition cost), 출재보험 준비금(deferred charges applicable to assumed reinsurance)을 차감한 값입니다."

— 워런 버핏, 버크서 해서웨이 1990년 주주 서한

버크서가 인수하기 10여 년 전인 1955년 내셔널 인뎀너티의 자기자본은 150만 달러였다. 부채 340만 달러를 조달한 덕분에 총자산은 490만 달러였고 플로트는 총부채의 58.1%에 해당하는 200만 달러였다. 자산 항목에서는 자기자본 또는 주주출자금(shareholders' funds)과 비슷한 규모인 140만 달러를 주식에 투자했다. 계약자 자금(policyholders' funds) 대부분은 채권과 현금으로 보유했다.

1955년 내셔널 인뎀너티의 보험료 매출은 200만 달러, 순이익은 20만 4,607달러였다. 즉 자기자본이익률이 13.3%였는데, 같은 해 버크서 해서웨이의 자기자본이익률 0.6%보다 훨씬 높은 수준이었다.[3] 1955년 버크서 섬유사업의 순이익은 내셔널 인뎀너티보다 소폭 높은 30만 722달러였다.[4] 이 순이익을 내기 위해 버크서는 5,140만 달러의 자기자본[5]이 필요했지만 내셔널 인뎀너티의 자기자본은 150만 달러에 불과했다.[6] 즉 내셔널 인뎀너티는 훨씬 자본 효율적인 기업이었다.

내셔널 인뎀너티[7]	1955년	1960년	1965년
지급 준비금	1,137,226	3,336,599	7,267,320
손해사정비 준비금	209,957	1,040,389	2,114,627
미경과보험료	875,807	3,302,283	5,322,544
– 대리점 미수금*	268,606	842,389	293,219
– 재보험 회수 가능액*	–	139,206	1,017,694
총책임준비금	1,954,384	6,697,676	13,393,578
연평균 증감률(%)**		27.9	21.2

내셔널 인뎀너티[8]	1955년	1960년	1965년
보험영업이익	98,934	150,205	40,793
투자영업이익	229,559	392,371	1,157,739
영업외이익(손실)	(982)	(11,458)	(4,259)
세전 이익	327,511	531,118	1,194,273
법인세	122,904	149,277	311,073
순이익	204,607	381,841	883,200
연평균 증감률(%)**		13.3	15.7

* 자산 항목
** 기준 연도: 1955년 — 옮긴이

이후 10년간 내셔널 인뎀너티는 성공 가도를 달렸다. 보험료 매출은 연평균 21.3%, 순이익은 연평균 15.7% 증가했으며 평균 자기자본이익률은 11.2%였다. 플로트는 10년간 연평균 21.2% 증가해 1965년 1,340만 달러가 되었다. 무엇보다도 보험 인수 기준에 관한 원칙을 유지하면서도 플로트를 확보했다는 점이 중요하다. 10년 중 6년간 비용을 내지 않고 플로트를 활용했다.

합산비율(combined ratio)은 저점 91.2%(1959년)에서 고점 102.3%(1962년)에 이르는 분포를 보였다. 합산비율 100%는 회사가 투자영업이익을 반영하기 전에 이미 손익분기점을 돌파했음을 뜻한다. 예컨대 1965년 합산비율 99.9% 중 67.4%P는 손해율(loss ratio)에서 비롯했고 나머지 32.5%P는 간접 사업비에서 비롯했다[사업비율(expense ratio)].[9]•

간접비 대부분은 신계약을 위해 지급한 수수료와 중개비였다. 은행에서 돈을 빌린 기업은 이자를 내야 한다. 1965년 내셔널 인뎀너티는 계약자로부터 1,340만 달러를 빌린 대가로 오히려 0.1% 수익을 올렸다. 내셔널 인뎀너티는 1962년 플로트 비용이 고점(102.3%)일 때도 계약자의 돈을 빌리는 대가로 2.3% 이자만 지급했다.

같은 해 10년 만기 국채 수익률 3.9%와 비교할 때 플로트는 저렴한 자금 원천이었다.[10] 미국 정부도 4% 이자를 내고 돈을 빌

• 손해율은 보험료 매출에서 지급 보험금이 차지하는 비율이고, 사업비율은 보험료 매출에서 사업에 필요한 간접비(인건비, 판매비, 수수료, 중개비 등)가 차지하는 비율이다. 손해율과 사업비율을 더한 합산비율이 100% 미만이라면 보험영업이익을 올리고, 100%를 초과하면 보험영업손실을 본다. 107쪽 '가이코' 섹션 참고.

리딘 상황에서 내셔널 인뎀너티는 2% 내외의 이자만 냈다. 이
렇게 돈을 받고 돈을 빌릴 수 있는 일부 기업의 능력은 오랫동안
많은 사람의 관심을 끌었고, 보험업의 경쟁은 치열해졌다.

	1955년	1960년	1965년
손해율(%)	59.6	66.6	67.4
사업비율(%)	35.2	31.5	32.5
합산비율(%)	94.8	98.1	99.9
총책임준비금	1,954,384	6,697,676	13,393,578

	1955년	1960년	1965년
'계약자에게 빌린' 자금	1,954,384	6,697,676	13,393,578
이자율(%)	(5.2)	(1.9)	(0.1)

　　1967년 초 버크서는 내셔널 인뎀너티를 인수하며 860만 달
러를 지불했다. 당시 내셔널 인뎀너티와 내셔널 파이어 앤드 마
린의 자기자본 합계는 670만 달러였다.[11] 내셔널 인뎀너티의 직
전 연도 순이익만 해도 140만 달러였지만,[12] 직전 12년 평균 순
이익이 43만 7,000달러였다는 점을 고려할 때 이상치(outlier)에
가깝다.
　　1966년 순이익에 바탕을 두면 이익수익률(순이익/주가―옮긴
이)이 16.6%였으므로 버크서가 내셔널 인뎀너티를 저렴한 가격
에 인수했던 것처럼 보인다. 하지만 12년 평균 순이익을 적용하
면 이익수익률은 훨씬 적정한 수준인 5.1%로 하락한다.

　　한편 내셔널 파이어 앤드 마린도 순이익을 내고 있었다. 인수 전 순이익 수준을 정확히 알 수는 없지만, 1967년 유가증권 처분손익 반영 전 순이익이 16만 4,000달러였다.[13] 이를 내셔널 인뎀너티의 12년 평균 순이익에 더한 후 계산하면 버크셔의 인수가 기준 최초 이익수익률이 7%였음을 알 수 있다.

　　버핏이 지배권을 확보한 뒤 내셔널 인뎀너티의 투자영업이익이 더 커질 것이라는 예상은 합당했다. 버핏은 버핏파트너십을 운용하면서 이미 10년 이상 시장을 앞서는 뛰어난 실적을 올린 투자자였다. 그가 내셔널 인뎀너티의 플로트 투자수익률을 1%P만 끌어올려도 순이익이 17만 5,024달러 증가했을 것이다(1967년 기준). 17만 5,024달러는 버크셔가 내셔널 인뎀너티를 인수한 가격의 2%에 해당한다. 나아가 플로트가 증가하면 추가 수익도 낼 수 있었다. 따라서 투자 포트폴리오를 조금만 개선하더라도 버크셔의 인수가 기준에서는 큰 의미가 있었다.

　　다각화된 지주회사의 자회사라는 위치도 장기적으로 내셔널 인뎀너티에 이득이 되었다. 버크셔는 보험 외 산업에도 자본을 투자했다. 1966년 내셔널 인뎀너티의 경과보험료(earned premiums)*는 1,600만 달러였고, 미국 일반기업회계기준(GAAP)에 바탕을 둔 자기자본은 560만 달러였다.[14] 즉 자기자본의 거의 3배에 이르는 보험을 인수했는데, 이것을 가리켜 '영업 레버

---

* 　보험 계약 연도와 보험사의 회계연도가 일치하지 않으므로 회계연도 말을 기준으로 두고 전체 보험 기간을 경과 기간과 미경과 기간으로 구분하고, 보험사가 계약자에게 받은 전체 보험료인 원수보험료(또는 수입보험료)를 경과보험료와 미경과보험료로 구분한다. 생명보험과 달리 1년 단위 보험 기간과 일시납이 기본 원칙인 손해보험업에서는 경과보험료가 더 유의미한 기준이다.

리지(operating leverage)'라고 한다.

호시절에는 레버리지가 이익을 확대하지만, 손실을 확대하는 시기도 있는 법이다. 투자영업이익을 제외한다면, 특히 실적이 좋지 않은 연도에 합산비율이 117%만 되어도 3배 레버리지를 사용하는 기업에서는 자기자본의 절반이 사라진다. 물론 내셔널 인뎀너티가 보험 인수 기준의 원칙을 꾸준히 지켰기에 합산비율이 117%로 상승할 가능성은 작아 보였지만, 향후 그런 일이 발생할 가능성은 당연히 존재했다.

내셔널 인뎀너티는 차입금 기준에서는 재무 레버리지(financial leverage)가 제로(0)였지만 영업 레버리지는 아주 높았다. 내셔널 인뎀너티나 보험산업 전체가 곤경에 처한다면 버크셔는 자회사가 계약자와의 의무를 이행하도록 추가 자본을 투입해야 할 가능성도 있었다.

"2017년 보험 부문 실적을 논하기 전에 먼저 우리가 이 산업에 진출했던 계기와 이유를 다시 한번 돌아봅시다. 1967년 초 내셔널 인뎀너티와 소형 자매회사를 860만 달러에 인수하면서 보험업으로의 여정을 시작했습니다. 인수 대가로 670만 달러 상당의 유형순자산(tangible net worth)을 얻었고, 보험업의 특성상 이를 유가증권에 투자할 수 있었습니다. 그래서 포트폴리오를 버크셔가 직접 투자했을 법한 증권으로 손쉽게 재조정했습니다. 사실상 인수가 중 순자산 비중만으로도 '손익분기점을 돌파(trading dollars)'했습니다.

다시 말해 버크셔가 지불한 가격에서 순자산을 초과하는 프리미엄 190만 달러만으로 매년 보험영업이익을 내는 보험사를 인수한 것과 다름없습니다. 무엇보다도 다른 사람의 돈이지만 두 보험사가 보관하는 '플로트' 1,940만 달러가 딸려왔다는 점이 중요했습니다."

— 워런 버핏, 버크셔 해서웨이 2017년 주주 서한

버핏은 버크셔 해서웨이 2017년 주주 서한에서 독특한 관점으로 내셔널 인뎀너티 인수를 논했다. 바로 내셔널 인뎀너티 인수가 중 유형순자산 670만 달러는 제쳐놓고 고려하지 않아도 된다는 생각이다. 670만 달러가 버크셔 수중에 있든 내셔널 인뎀너티 인수에 쓰였든 중요하지 않았다. 버핏은 어찌 되었든 똑같은 주식에 투자했을 테니 말이다. 따라서 유형순자산을 제외하면 인수가에서 190만 달러 상당의 영업권(goodwill)만 남는다. 이 영업권을 산 덕분에 버크셔는 내셔널 인뎀너티의 전체 보험영업이익뿐 아니라 플로트를 활용한 투자수익도 누리게 되었다.

버핏이 플로트에서 수익률 5%를 올린다면 투자수익은 연 78만 982달러일 텐데, 영업권(190만 달러)의 41.1%에 해당한다.[15] 하지만 많은 보험사가 보험영업손실을 낸다. 내셔널 인뎀너티의 보험 인수 실적이 악화한다면 보험영업손실이 플로트 투자수익을 깎아내린다. 결국 내셔널 인뎀너티 인수가 성공적인 결과를 낳을지 결정하는 것은 단 두 가지 변수, 즉 플로트 창출 규모와 시간에 따른 플로트 비용이다.

이러한 관점에서 내셔널 인뎀너티 인수가는 아주 저렴해 보인다. 내셔널 인뎀너티는 1955년부터 1966년까지 대다수 해에 보험영업이익을 올렸는데, 플로트를 활용하면서 비용이 들지 않는 것을 넘어 오히려 돈을 받았음을 뜻한다. 같은 방식으로 보험사업을 지속할 수 있다면, 버크셔는 내셔널 인뎀너티를 인수하며 지불한 영업권 190만 달러 대비 연 15% 투자수익을 내기 위해 플로트에서 1.8% 수익만 내면 되는 상황이었다. 내셔널 인뎀너티가 대규모 보험영업손실만 내지 않는다면 성공 사례로 기록될 가능성이 아주 큰 인수였다.

분석 대상 기업과 애널리스트에 따라 플로트 계산법이 다르다는 점을 유념하자. 정확한 플로트 값은 중요하지 않기에 소수점 마지막 자리까지 계산할 필요는 없다. 하지만 보험사가 어떠한 유형의 계약자 레버리지를 갖추고 영업하는지 개략적으로 이해하는 것은 아주 중요하다.

버핏은 버크셔 해서웨이 2017년 주주 서한에 인수 당시 내셔널 인뎀너티의 플로트가 1,940만 달러라고 썼다. 내가 보기에 그는 1967년 말 플로트를 지칭했던 듯하다. 버크셔 해서웨이 1990년 주주 서한에서는 1967년 평균 플로트가 1,730만 달러라고 언급했다. 버크셔가 밝힌 플로트 값은 이 책에서 사용한 값과 똑같지는 않지만 근사한 수준이다.

플로트 계산의 차이는 '기타 자산'과 '기타 부채'를 처리하는 방법에서 비롯한다. 외부자는 이러한 '기타' 항목 중 계약자와 관련된 비중이 어느 정도인지를 정확히 알기가 어렵다. 이 책에서 사용한 계산에 바탕을 두면 1966년 말 내셔널 인뎀너티의 플로트는 1,560만 달러였다. 이것이 1967년 초 버크셔가 인수를 완료했을 때 투자자에게 주어진 수치였을 가능성이 크다.

내셔널 인뎀너티 인수를 통해 버크셔는 섬유사업에서 벗어나 훨씬 더 높은 자기자본이익률을 올리는 사업으로 자본을 이동했다. 저비용 플로트를 손에 넣은 버핏은 주식과 채권 투자뿐 아니라 기업을 통째로 인수할 수도 있게 되었다. 내셔널 인뎀너티 인수는 버크셔의 큰 변화를 뜻했다. 섬유공장이 보험사를 인수하는 것은 전례가 없었던 일이지만, 주주자본의 청지기(steward) 관점에서는 가장 좋은 결정이었다.

내셔널 인뎀너티 인수 자금을 조달하기 위해 버크셔는 섬유사업에서 더 많은 자본을 거둬들이고 유가증권 포트폴리오 일부를 현금화했으며 장기 회사채를 발행했다. 그 결과 버크셔의 섬유사업 투하자본은 버핏이 회사를 인수한 이래 최저치를 기록했다. 1967년 매출채권은 전년 대비 90만 달러 감소했고 매입채무는 190만 달러 증가했다. 재고자산은 110만 달러 감소했고 유형자산은 70만 달러 감소했다.[16] 종합하면 섬유사업에 투입한 자본이 총 460만 달러 감소했다.

재무상태표상 유가증권 포트폴리오는 160만 달러 감소했는데, 내셔널 인뎀너티 인수 자금을 조달하기 위해 일부를 현금화했기 때문이다. 1967년 이자부 부채 260만 달러는 만기가 20년 후인 1987년이었던 만큼 장기적인 자금 원천으로 볼 수 있다.[17] 이자비용은 7.5%여서 내셔널 인뎀너티의 플로트 비용이 더욱 저렴해 보이게 하는 수준이었다. 총 900만 달러 한도의 회사채 발행 계획이 승인되었기에, 유동성이 더 필요하다면 추가 부채를 조달할 방안도 갖춘 상태였다.[18]

	1966년	1967년	증감
매출채권	8,114,240	7,167,884	(946,356)
재고자산	12,239,261	11,162,106	(1,077,155)
순설비자산	6,306,526	5,610,451	(696,075)
매입채무	2,957,565	4,827,079	1,869,514
섬유사업 창출자본			4,589,100

내셔널 인뎀너티 인수 자금 원천	1967년
섬유사업 창출자본	4,589,100
부채 증가	2,629,120
유가증권 매도	1,589,278
계	8,807,498

1960년대 중반 보험료 매출 기준 미국 최대 손해보험사는 스테이트팜(State Farm)과 올스테이트(Allstate)였다. 1964년 스테이트팜의 손해보험 부문 매출은 8억 320만 달러였고 올스테이트는 6억 7,830만 달러였다.[19] 스테이트팜은 1964년 순원수보험료(net premiums written: 원수보험료에서 수·출재보험료와 환급보험료를 가감한 값―옮긴이)가 1,270만 달러에 불과했던 내셔널 인뎀너티보다 63.2배나 큰 회사였다.[20]

시간이 흘러 2019년 버크셔 해서웨이는 원수보험료 기준으로 스테이트팜의 뒤를 이어 미국에서 두 번째로 큰 보험사가 되었다.[21] 버크셔의 내셔널 인뎀너티 인수는 보험업뿐 아니라 미국 기업사에 큰 발자취를 남겼다.

선뉴스페이퍼, 블래커프린팅 컴퍼니

"1968 회계연도 종료 직후 당사는 선뉴스페이퍼(Sun News-paper)와 블래커프린팅 컴퍼니(Blacker Printing Company)의 지분 전량을 취득함으로써 출판업에 처음 진출했다."
— 버크셔 해서웨이, 1968년 연차보고서

선뉴스페이퍼는 오마하에서 일간지를 발행했고 1968년 발행부수는 5만 부였다.[22] 블래커프린팅 컴퍼니 역시 신문과 관련 있는 인쇄회사였다. 두 기업 인수와 관련해 공개된 정보가 거의 없지만, 총자산 대비 비율이나 이익 측면에서 그리 중요하지 않았다는 점은 분명하다.

버크셔는 1969년 연차보고서에 비연결 자회사 목록을 공시했다. 이에 바탕을 두면 버크셔는 선뉴스페이퍼를 62만 6,000달러에, 블래커프린팅 컴퍼니를 60만 달러에 인수했다. 또한 내셔널 인뎀너티의 미주리주 독립보험대리점(general agent, GA)이었던 게이트웨이 언더라이터스 에이전시(Gateway Underwriters Agency)에도 3만 5,000달러를 투자했다.[23]

버크셔는 세 회사를 한데 묶어 재무상태표상 '기타 비연결 자회사' 항목으로 보고했다. 1969년 기타 비연결 자회사 투자주식은 총자산의 2.2%를 차지했지만[24] 1972년에는 1.5%로 줄었다.[25]

"선뉴스페이퍼와 블래커프린팅 컴퍼니, 게이트웨이 언더라이터스 에이전시 투자액을 버크셔 해서웨이 유통주식수로 나누면 주당 1달러가 겨우 넘고, 주당 순이익은 10센트에도

못 미칩니다. 투자자 여러분에게 이들의 소식을 더 자주 전
달할 생각은 없습니다."

— 워런 버핏, 버핏파트너십 1969년 투자자 서한

1960년대 후반 버핏파트너십을 서서히 청산 중이던 버핏은
세 회사가 버크셔의 주당 장부가치 약 1달러에 해당하고 순이익
합계는 주당 0.10달러에도 못 미친다고 밝혔다.[26] 당시 버크셔
의 주당 장부가치는 45달러였으므로 세 회사가 그리 중요하지
않았다는 점이 확실하다.[27]

선뉴스페이퍼는 재무적으로 인상적이지 않았고, 1980년 매
각된 후 1983년 신문 발행을 중단했다.[28] 당시 신문산업은 승자
독식의 특성을 띠었는데, 〈선뉴스페이퍼〉는 오마하에서 결코 승
자가 되지 못했다. 〈오마하 월드 헤럴드(The Omaha World Her-
ald)〉가 선두에서 훨씬 나은 경제성을 누렸다. 하지만 〈선뉴스페
이퍼〉 투자 덕분에 버크셔는 (나중에 도움이 될) 신문산업에 관한
통찰을 얻었을는지도 모른다.

일리노이 내셔널뱅크 앤드 트러스트 컴퍼니 오브 록퍼드

"1969년 4월 3일 당사는 일리노이 내셔널뱅크 앤드 트러스트 컴퍼니 오브 록퍼드의 보통주 8만 1,989주(총유통주식 10만 주)를 주당 190달러에 현금으로 취득했다. 또한 당사는 잔여 유통주식을 똑같은 가격에 현금으로 매수하겠다는 공개매수 도 제안했다."

— 버크셔 해서웨이, 1968년 10-K 보고서

일리노이 내셔널뱅크 앤드 트러스트 컴퍼니(이하 일리노이 내셔널) 는 일리노이주 록퍼드에서 가장 큰 상업은행이었다.[29] 당시 일리 노이주는 이례적으로 엄격한 은행법을 적용해서 은행은 단 하나 의 지점만 운영할 수 있었다. 다른 주의 은행은 고객이 들러 업 무를 처리할 수 있는 지점을 여러 곳 운영했다. 일리노이주의 규 제는 1990년대 초반까지 시행되었다.

"1931년 유진 아베크(Eugene Abegg)가 외부 자본 없이 자기 자본 25만 달러와 예금 40만 달러로 설립한 일리노이 내셔 널뱅크는 1969년 자기자본 1,700만 달러와 예금 1억 달러 의 은행으로 성장했습니다. 아베크는 지금도 회장으로 재임 중이고, 회사는 1969년 기록적인 영업활동 순이익(유가증권 처분손실 반영 전) 약 200만 달러를 기록했습니다."

— 워런 버핏, 버크셔 해서웨이 1969년 주주 서한

일리노이 내셔널은 내셔널 인뎀너티와 마찬가지로 전통적

인 대출 형태의 부채를 조달하지 않고도 고객 예금이라는 레버리지를 활용했다. 고객 예금은 재무상태표상 예수부채로 보고한다. 일리노이 내셔널은 타인자본을 활용해서 대출을 해주거나 채권에 투자했다. 이때 아주 보수적인 원칙을 고수했고 특히 유동성 수준이 눈에 띄었다.

고객이 예고 없이 인출할 수 있는 요구불예금(demand deposit)은 재무상태표상 자산 항목인 현금과 안전한 단기 국채로 충당했다. 1968년 일리노이 내셔널의 예수부채는 9,910만 달러였고 그중 요구불예금이 5,770만 달러였다. 당시 보유 현금과 미국 국채, 지방채는 총 6,800만 달러 규모로서 은행에 필요한 일반적인 단기 유동성보다 훨씬 높은 수준이었다.[30] 고객이 요구불예금을 얼마나 인출하든 문제없을 정도로 많은 현금과 저위험 채권을 보유했던 것이다.

이 정도 유동성 수준에서 대다수 은행은 더 많은 부채를 조달하는 공격적인 전략을 택하기 마련이다. 하지만 일리노이 내셔널은 유동성을 확보함으로써, 경기가 침체하더라도 안전성을 기할 보호 장치를 뒀다.

버크셔가 인수하기 약 10년 전인 1960년 일리노이 내셔널의 예수부채는 7,850만 달러로 총부채의 96.7%를 차지했다. 자산 취득을 위한 자금은 고객 예금과 자기자본 770만 달러를 활용했다. 자산은 대출채권 3,910만 달러와 국채 2,630만 달러, 지방채 및 기타 채권 950만 달러로 구성했으며 현금도 1,310만 달러 보유했다. 즉 예수부채의 16.7%를 현금으로, 45.6%를 저위험 채권으로 충당 가능했다. 나머지 37.7%로 대출을 해줬는데, 채권 수익률보다 높은 이자수익을 올렸다.[31] 일리노이 내셔

널은 이러한 자본 조달 구조를 1960년대 후반까지 유지했다.[32]

	1960년	1964년	1968년
현금	13,133,000	19,495,000	23,244,160
국채	26,280,000	23,705,000	26,922,563
지방채 및 기타 채권	9,481,000	13,772,000	17,803,334
대출채권	39,147,000	53,475,000	46,995,450
기타 자산	839,000	971,000	2,342,767
자산총계	88,880,000	111,418,000	117,308,273
예수부채	78,484,000	96,632,000	99,085,440
기타 부채	2,670,000	3,694,000	1,382,203
자본총계	7,726,000	11,092,000	16,840,631
부채 및 자본 총계	88,880,000	111,418,000	117,308,273

일리노이 내셔널은 보수적으로 자금을 조달했는데도 견고한 이익을 냈다. 낮은 총자산이익률을 만회하기 위해 경영진이 효율적으로 사업을 운영했던 것이 분명하다. 게다가 버크셔의 자회사가 된 후로는 자산을 더 공격적으로 활용할 수 있었다. 버크셔가 보유한 여유 자본과 다각화된 이익 창출력 덕분에, 미래에 닥칠 어려움에 대비할 보호막을 확보했기 때문이다.

보수적으로 자금을 조달한 덕분에 경영진은 마음이 편했을 것이다. 고객이 예금을 인출하고 대출채권의 실적이 좋지 않아도 일리노이 내셔널은 장기적으로 사업을 지속할 방안이 있었다. 시간이 지나서 돌아보면 일리노이 내셔널은 실제 필요했던

수준보다 훨씬 보수적이었음을 알 수 있다. 예수부채는 1960년
7,850만 달러에서 1964년 9,660만 달러, 1968년 9,910만 달러
로 꾸준히 증가했다. 대출채권의 실적은 10년간 계속해서 향상
했다.

하지만 은행이 신중한 태도로 자금을 보수적으로 조달해서
나쁠 것은 없다. 은행업은 기본적으로 레버리지를 사용하는데,
재무 레버리지에는 위험이 따른다. 이 위험은 고객 자금을 안전
하게 지키는 수탁자의 책무와 균형을 이루어야 한다. 또한 미국
연방예금보험공사(Federal Deposit Insurance Corporation, FDIC)의
지원을 받는 은행은 이를 당연한 것이 아니라 일종의 특권으로
여겨야 한다.

버크셔의 인수 전까지 1960년대에 일리노이 내셔널은 대출
채권에서 뛰어난 실적을 올렸다. 1960년부터 1968년까지 평균
미상환 대출채권은 5,160만 달러였는데, 같은 기간 대출채권 평
가 및 처분손실은 총 20만 2,136달러에 불과했다. 대출채권 평
가 및 처분손실률이 겨우 0.04%였다는 뜻이다. 하지만 1940년
대에는 손실이 비교적 큰 때도 있었다. 예컨대 미상환 대출채권
평가 및 처분손실률은 1943년 3.35%,[33] 1947년 3.10%를 기록
했다.[34]

단 몇 년의 수치만 보고 은행의 대출 역량을 판단하기는 힘
들지만 일리노이 내셔널은 대출자산에서 오랫동안 견고한 이익
을 냈다. 하지만 어떤 기업이든 실적 변동성은 어느 정도 존재하
기 마련이다.

	1960년	1964년	1968년	평균
대출채권	39,147,000	53,475,000	46,995,450	51,627,606
평가 및 처분이익(손실)	(204,627)	207,894	(90,544)	(22,460)
이익(손실)률(%)	(0.52)	0.39	(0.19)	(0.04)

	1960년	1964년	1968년
이자수익	2,917,124	3,968,722	5,702,018
수익자산(earning assets)	74,908,000	90,952,000	91,721,346
수익자산 수익률(%)	3.9	4.4	6.2
이자비용	499,740	804,275	1,495,698
이자부 부채	78,484,000	96,632,000	99,085,440
조달비용(%)	0.6	0.8	1.5
순이자마진(%)	3.3	3.6	4.7

일리노이 내셔널 같은 은행사업의 비용 구조는 그리 복잡하지 않다. 은행은 고객 예금을 받아서 대개 이자를 지급한다. 단기 예금인 요구불예금(당좌예금)은 예외적인 비이자부 예금이다. 고객이 들러 업무를 볼 지점과 가구, 설비, 직원도 필요하다. 은행은 고객 예금을 활용해 대출을 해주고, 그중 일부는 회수하지 못한다. 즉 대출채권 평가 및 처분손실 역시 일상적인 영업비용이다.

은행이 이자비용 차원에서 차별화하기는 쉽지 않다. 고객은 거래 은행 교체를 번거로워하지만, 어떤 은행이 계속해서 높은 예금 이자를 지급한다면 결국 다른 은행은 고객을 빼앗길 가능성이 크다. 하지만 통제하기가 수월해서 은행별로 차이가 큰 비용 항목도 있다. 불필요한 비용 없이 효율적인 은행은 상대적으로 낮은 인건비와 복리후생비 구조로도 운영할 수 있지만, 우수한 직원을 공정하게 보상하는 것은 여전히 중요하다.

일리노이 내셔널은 점유비용(occupancy cost)*과 유지비 등 간접비 부문에서 진정한 효율성을 구축했다. 일리노이주 은행법에 따라 일리노이 내셔널은 단 하나의 지점만 운영할 수 있었다. 따라서 물리적인 지점 수 기준에서는 확장하지 않았지만 대출채권과 예수부채 차원에서는 지속적인 성장을 구가했다. 덕분에 이익이 간접비보다 빠른 속도로 증가했다.

버크셔가 인수하기 전 25년간 일리노이 내셔널의 영업이익은 연평균 10.1% 증가했다.[35] 같은 기간 영업비용은 그보다 천천히 증가해서 순이익은 연평균 11.5% 증가했다.[36]

일리노이 내셔널은 지점당 예수금 척도에서도 아주 특별했다. 버크셔가 인수했을 당시 예수금은 단 하나의 지점에서 9,910만 달러를 기록했다. 2019년 기준으로 약 7억 2,790만 달러(인플레이션 조정 기준)[37]에 해당하는, 믿기 어려울 정도로 높은 수치다.

2019년에도 지점당 예수금이 1억 달러가 넘는 은행은 극소수였다. 미국에서 효율성이 가장 높은 뱅크 오브 아메리카(Bank of America)와 컬런프로스트(Cullen/Frost)도 2019년 말 지점당 예수금이 각 3억 3,370만 달러[38]와 1억 9,460만 달러[39]에 불과했다. 또 다른 우수한 은행인 웰스파고(Wells Fargo)는 1억 7,870만 달러였다.[40]

•　　차지하는 공간 면적당 발생하는 비용으로서 임차료와 관리비 등을 포함한다.

세 은행은 규모의 경제뿐 아니라 1960년대에는 상상조차 할 수 없었던 소프트웨어와 온라인 뱅킹에서도 이득을 본다. 그런데도 지점당 예수금이 1960~1970년대 일리노이 내셔널의 기록에 큰 폭으로 뒤처진다. 1968년 웰스파고의 총예수금은 47억 달러였고 수백 개 지점을 운영했다.[41] 당시 웰스파고가 일리노이 내셔널의 지점당 효율성을 따라잡으려면 지점을 48개 미만으로 줄였어야 한다.

은행의 예수금이 증가하면 이자수익을 낼 수 있는 자산(수익자산—옮긴이)도 증가한다. 이때 물리적인 지점 수가 고정되어 있다면 시간이 흐르면서 간접비 상승을 낳는 압박이 덜하다. 일리노이 내셔널 경영진은 특히 1960~1970년대에 물리적인 지점 수를 확장하지 않고도 예수금을 계속해서 늘리는 놀라운 능력을 입증했다.

1960년 일리노이 내셔널의 순이익이 62만 5,064달러였으므로 총자산이익률은 0.7%에 불과했고 자기자본이익률은 8.1%였다. 하지만 이후 계속해서 향상해 1964년 순이익 130만 달러, 총자산이익률 1.2%, 자기자본이익률 11.8%를 기록했다. 1968년 순이익은 170만 달러였고 총자산이익률은 1.4%였다. 자기자본이 증가하고 현금이 쌓이면서 자기자본이익률은 9.9%로 하락했다.

버크셔는 일리노이 내셔널을 인수하며 주당 190달러를 지불했고, 인수 거래에 제공한 서비스의 대가로 투자은행에 주당 2달러를 추가 지불했다. 1969년 일리노이 내셔널을 1,920만 달러로 평가했다는 뜻인데, 같은 해 유가증권 처분손실 반영 전 이익은 약 200만 달러로 버크셔의 인수가 기준 이익수익률은

10.3%였다. 당시 10년 만기 국채 수익률은 7.7%였다.[42] 유가증권 처분손실 37만 2,351달러를 반영한 순이익은 약 160만 달러였다.

은행의 연도별 실적은 변동성이 존재하는 유가증권 처분손익을 반영하기 전 이익 기준으로 판단하는 것이 더 합당하다. 물론 유가증권 처분손익은 장기적으로 유의미할 수도 있지만, 단기 실적을 판단할 때는 고려하지 않는 편이 낫다.

버크셔의 자회사가 된 후 일리노이 내셔널은 이익 상당액을 모회사에 배당으로 지급했다. 일리노이주 은행법으로 인해 재투자 기회가 거의 없었고, 지점을 늘리는 방식으로 확장하는 것은 불가능했으므로 이익 대부분을 배당으로 환원하는 결정은 일리가 있었다. 버크셔의 일리노이 내셔널 지분율이 80% 이상이었기에 배당에 대한 세금도 내지 않았다.[•] 이는 버크셔가 구축하고 있던 복합기업 구조의 큰 장점이다. 버핏은 자회사가 보유한 현금을 모회사로 이동시켜 더 효율적으로 재투자할 수 있었다.

일리노이 내셔널은 1969년 120만 달러, 1970년 200만 달러를 버크셔에 배당으로 지급했다.[43] 버크셔는 인수가의 6.1%(1969년)와 10.4%(1970년)를 배당으로 회수했다. 다시 말해 일리노이 내셔널은 2년간 버크셔 인수가의 16.5%에 달하는 배당을 지급했다. 1980년 일리노이 내셔널이 버크셔에 지급한 배당은 인수가보다 높은 2,500만 달러 이상이었다.

•   연결납세제도(consolidated tax return)는 모회사의 자회사 지분율이 80% 이상이고 두 회사가 경제적으로 결합되어 있다면 하나의 과세 단위로 해석해 법인소득을 통산(通算)하여 과세하는 제도다. 이에 따라 모회사와 자회사 간 배당을 과세하지 않을 때도 있다.

버크셔는 일리노이 내셔널 인수를 처음 발표하면서 유통주식의 82%를 취득했다고 밝혔다. 동시에 잔여 유통주식을 똑같은 가격에 매수하겠다는 공개매수도 제안했다. 1969년 말경 버크셔의 지분율은 97.7%에 달했다. 인수 자금은 1967년 내셔널 인뎀너티 인수와 유사한 방식으로 조달했다. 섬유사업에서 자본을 거둬들였고 유가증권을 대부분 매도했으며 1969년 부채도 늘렸다.

버크셔가 유가증권 포트폴리오를 매도해서 일리노이 내셔널 인수가의 절반 이상을 충당할 수 있었다는 사실은 아주 놀랍다. 인수 5년 전인 1964년 버크셔의 유가증권 포트폴리오는 제로(0)였다. 1968년 재무상태표상 유가증권은 540만 달러에 불과했는데, 취득원가로 보고하는 회계규정 때문이다.[44] 당시 재무제표 주석을 통해 유가증권 포트폴리오의 공정가치가 1,180만 달러였음을 알 수 있다.[45]

버크셔는 섬유사업에서 자본을 거둬들여 1965년부터 보통주에 투자했고 겨우 3년 만에 포트폴리오 평가액이 취득원가 대비 118.1% 상승했다. 만약 섬유사업에 계속 투자했더라면 그렇게 높은 상승률을 기록했을 리가 만무하다. 또한 버크셔는 일리노이 내셔널 인수를 통해 더 준수한 자기자본이익률을 내는 사업으로 다각화했다.

버크셔 해서웨이[46]	1969년
순이익	7,952,789
감가상각비	643,143
섬유사업 유형자산 처분 및 폐기손실	228,788
비연결 자회사 지분법이익	(2,649,829)
영업활동에서 조달한 자금	6,174,891
장기부채 조달	6,000,000
섬유사업 유형자산 매각 대금	240,865
운전자본 감소	8,877,815
총 조달 자금	21,293,571
비연결 자회사 투자	20,039,555
장기부채 상환	750,000
유형자산 취득	264,016
자사주 매입	240,000
총 사용 자금	21,293,571

　　1969년 버크셔의 순이익은 800만 달러였다. 이 중에서 모회사(버크셔)의 별도 영업활동 현금흐름은 620만 달러였고 260만 달러는 비연결 자회사 지분법이익이었다. 비연결 자회사 중 하나인 내셔널 인뎀너티는 같은 해 순이익 전부를 내부 유보했다. 모회사인 버크셔가 내셔널 인뎀너티의 순이익을 현금으로 받지는 못했다는 뜻이다.

　　버크셔는 영업활동 현금흐름과 함께 섬유사업 유형자산 매각과 운전자본 감소를 통해 확보한 현금으로 일리노이 내셔널을

인수했다. 운전자본 감소 대부분은 유동자산 항목인 유가증권
매도에서 비롯했고, 재고자산과 매출채권도 감소했다.

> "만기가 1년 이내인 미국 정부 및 정부기관 채권을 통해 유
> 동성을 이례적으로 높게 유지한 결과 당기 말 요구불예금의
> 75% 수준까지 이르렀습니다."
> — 워런 버핏, 버크셔 해서웨이 1975년 주주 서한

일리노이 내셔널은 인수 전에도 보수적으로 운영했지만, 버
크셔의 자회사가 된 후 강도를 높였다. 버크셔가 인수하기 1년
전인 1968년 일리노이 내셔널의 요구불예금은 총예수부채의
58.2%를 차지했다.[47] 요구불예금 대 예수부채 비율은 5년 뒤
40.6%,[48] 10년 뒤 31.4%로 하락했다.[49] 요구불예금은 고객의
인출을 거의 제한하지 않는다. 반면 정기예금(time deposit) 고객
은 일정 기간 예치 상태를 유지해야 하므로 은행의 더 안전한 자
금 원천이다. 하지만 더 높은 이자를 지급해야 하므로 비용이 더
많이 드는 자금 원천이기도 하다.

	1968년	1973년	1978년
요구불예금	57,676,992	55,716,465	58,132,746
총예수부채 대비 비율(%)	58.2	40.6	31.4
정기예금	41,408,448	81,450,028	127,001,647
총예수부채 대비 비율(%)	41.8	59.4	68.6
총예수부채	99,085,440	137,166,493	185,134,393

일리노이 내셔널은 부채 항목에서 보수적인 자금 원천을 고
수했을 뿐 아니라 자산 취득에서도 보수적이었다. 현금과 채권
은 한결같이 총자산의 절반 이상을 차지했다. 채권은 상대적으
로 안전한 채권인 미 재무부 및 정부기관 증권과 주정부 및 산하
기관 채권(obligations of states and political subdivisions)으로 구성
했다.

대출채권 대 총자산 비율은 1968년 40.1%에서[50] 1978년
35.3%로 하락했다.[51] 현금과 저위험 채권으로 요구불예금을 여
유 있게 충당할 수 있는 수준이었다. 1968년 현금 및 채권은 요
구불예금 잔액의 117.8%였고 10년 뒤에는 218.0%에 달했다.

	1968년	1973년	1978년
현금	23,244,160	26,683,653	20,231,765
재무부 채권	26,922,563	804,781	565,983
정부기관 채권	–	10,550,049	42,372,484
주정부 및 산하기관 채권	17,803,334	47,712,563	63,576,532
현금 및 채권	67,970,057	85,751,046	126,746,764

자산총계 대비 비율(%)	1968년	1973년	1978년
현금 및 채권	57.9	54.1	58.7
대출채권	40.1	41.7	35.3
기타 자산	2.0	4.2	6.0
자산총계	100.0	100.0	100.0

	1968년	1973년	1978년
현금 및 채권	67,970,057	85,751,046	126,746,764
요구불예금	57,676,992	55,716,465	58,132,746
현금 및 채권 대 요구불예금 비율(%)	117.8	153.9	218.0

대다수 은행가는 일리노이 내셔널처럼 운영하는 은행이 주주이익을 창출할 수 있다는 생각을 웃어넘길 것이다. 은행의 이자수익은 대부분 대출채권에서 발생하고 요구불예금에는 최소한의 이자를 지급한다. 이자수익을 최대화하고 이자비용을 최소화하면 더 높은 순이자마진(net interest margin)을 달성할 수 있지만 동시에 재무적 위험이 증가한다.

일리노이 내셔널은 대다수 경쟁사보다 낮은 위험을 감수하고도 높은 수준의 주주이익을 창출했다. 1969년부터 1978년까지 평균 총자산이익률은 2.2%였고 평균 자기자본이익률은 14.7%였다. 은행치고는 높은 이익률이고, 그토록 높은 유동성과 낮은 레버리지로 이룬 성과라는 점에서 더욱 놀랍다.

	1968년	1973년	1978년
순이익	1,660,911	2,848,225	4,342,972
자산총계	117,308,273	158,404,334	215,814,564
총자산이익률(%)	1.4	1.8	2.0
자본총계	16,840,531	19,239,029	25,910,278
자기자본이익률(%)	9.9	14.8	16.8

일리노이 내셔널의 성공 비결은 운영 효율성이었다. 버크셔가 인수한 후 10년간 영업이익은 연평균 9.3% 증가했고 예수부채는 연평균 6.5%, 대출채권은 연평균 4.9% 증가했다. 이렇게 사업은 성장했지만 물리적인 지점은 여전히 단 한 곳에 불과했기에 비이자비용이 영업이익보다 천천히 증가했다.

같은 기간 순점유비용은 계속해서 감소했고, 인건비 대 영업이익 비율 역시 1968년 16.5%에서 1978년 13.8%로 하락했다. 순점유비용 대 영업이익 비율은 1968년 5%에서 1978년 겨우 2%로 하락했다. 은행의 효율성 척도인 비이자비용 대 총매출 비율이 1968년 34.9%에서 1978년 21.8%로 개선되었다.[•] 경영진은 계속해서 비용을 절감하는 동시에 영업이익을 늘리는 데도 성공했다.

	1968년	1973년	1978년
영업이익	6,490,532	10,403,435	15,743,647
연평균 증감률(%)[*]		9.9	9.3
예수부채	99,085,440	137,166,493	185,134,393
연평균 증감률(%)[*]		6.6	6.5
대출채권	46,995,450	66,022,357	76,121,628
연평균 증감률(%)[*]		7.0	4.9

* 기준 연도: 1968년 — 옮긴이

• 매출과 기타 수익을 구분하기 쉽지 않은 은행은 대개 이자손익과 수수료손익, 기타 영업손익을 합한 영업이익을 손익계산서상 매출로 보고한다. 따라서 '총매출'은 83쪽 표의 '영업이익'에 해당한다.

영업이익 대비 비율(%)	1968년	1973년	1978년
인건비	16.5	14.5	13.8
연금 및 이익 공유	2.1	2.5	0.0
순점유비용	5.0	4.0	2.0
설비 임차료, 감가상각비, 유지비	3.6	2.4	1.3
기타 영업비용	7.7	7.4	4.7
총비이자비용	34.9	30.8	21.8
영업이익	100.0	100.0	100.0

시간이 흘러 규제가 변화하면서 버크셔는 은행 지주회사가 되지 않고서는 더 이상 은행을 완전 소유할 수 없었다. 버핏은 버크셔를 은행 지주회사로 바꿀 생각이 없었기에 일리노이 내셔널을 버크셔 주주에게 스핀오프(spin-off)**하기로 했다. 버크셔의 보험 부문도 이미 규제 대상이었으므로 은행 관련 규제까지 한데 섞는 것은 아마 실현 불가능했을 것이다. 1980년 말 일리노이 내셔널 주식은 버크셔 주주에게 배당되었다.[52]

** 분할 자체에 초점을 두는 인적분할과 일부 유사하지만, 스핀오프는 자회사 주식을 모회사 주주에게 배당하는 방식(인적분할에 해당)뿐 아니라 기존 회사의 자회사화도 포함하기에 '스핀오프'로 옮겼다.

1960년대 후반의 버크셔 해서웨이

버핏이 버크셔 주식을 처음 매수한 1962년 당시 시가총액은 1,210만 달러였다. 그가 버크셔 이사회에 합류했던 1965년 시가총액은 2,050만 달러였고[53] 장부가치는 2,210만 달러였다.[54] 3년간 시가총액이 연평균 19.3% 상승했다. 같은 기간 유통주식 수가 160만 주에서 100만 주로 감소했으므로 주가는 그보다 높은 상승률을 기록했다. 1969년 고점의 시가총액은 4,270만 달러였고 장부가치는 4,390만 달러였다.[55] 이를 기준으로 할 때 1962년부터 1969년까지 시가총액은 연평균 19.8% 상승했다.

1965년 연차보고서에 따르면 버핏이 지배했던 버핏파트너십의 버크셔 지분율은 1966년 1월 21일 기준 54.3%였고 보유 주식수는 55만 2,528주였다. 이후 보유주식수를 71만 2,181주로 늘려서 1969년 4월 7일 기준 지분율은 69.99%였다.[56] 71만 2,181주는 2019년 말 기준에서는 지분율 43.8%에 해당하는데 평가액은 무려 2,418억 달러였다.

버핏은 버핏파트너십을 1969년 말 청산했다. 버핏파트너십에 투자했던 유한책임 파트너(limited partner)는 현금뿐 아니라 버크셔와 블루칩스탬프, 다이버시파이드 리테일링 주식을 출자 비율만큼 돌려받았다. 버핏은 자기 몫의 세 회사 주식을 계속해서 보유했다.

1969년 말의 버크셔는 10여 년 전과 완전히 다른 회사가 된 것처럼 보였다. 섬유사업 매출은 1962년 이후 24.1% 감소했다.[57] 하지만 1962년에는 순손실이 220만 달러인 데 반해 1969년에는 순이익 800만 달러를 기록했다.[58] 특히 내셔널 인뎀너티와 일리노이 내셔널뱅크로 대표되는 비연결 자회사 지분법이익 370만 달러가 큰 역할을 했다.

게다가 1969년 유가증권 배당수익과 처분이익도 380만 달러에 달했다. 섬유 부문의 세후 순이익은 50만 달러에도 못 미쳤다. 1965년부터 1969년까지 5년 동안 유가증권 부문 순이익은 섬유 부문 순이익의 2배 수준이었다. 버크셔가 뛰어든 지 3년밖에 안 된 보험사업은 5년 누적 순이익 기준에서 섬유사업을 대폭 앞섰다.

부문별 순이익(손실)[59]	유가증권*	섬유	보험	은행	총순이익
1965년	41,737	2,237,469	–	–	2,279,206
1966년	166,819	2,595,695	–	–	2,762,514
1967년	352,068	(1,285,171)	2,040,562	–	1,107,459
1968년	2,528,838	(363,201)	2,496,699	–	4,662,336
1969년	3,833,507	395,740	2,115,270	1,608,272	7,952,789
계	6,922,969	3,580,532	6,652,531	1,608,272	18,764,304

* 보험 외 부문의 유가증권 투자에서 발생한 배당수익 및 처분이익

위 표에서 유가증권 부문의 1965~1969년 누적 순이익 690만 달러는 모회사(버크셔)가 보유한 유가증권 포트폴리오를 기준으로 한다. 보험 부문, 즉 내셔널 인뎀너티가 보유한 유가증권 손익은 여기에 포함되지 않았다. 하지만 보험 부문 순이익에서도 투자영업이익이 아주 큰 비중을 차지했다. 같은 기간 내셔널 인뎀너티는 보험영업이익을 냈지만, 1969년 세전 이익의 90.6%

가 투자활동에서 발생했다.

다음 표의 '이자 및 배당수익'* 항목은 채권 이자수익뿐 아
니라 주식 배당수익까지 포함한다. '유가증권 처분이익' 항목은
보유 유가증권을 매도해서 실현한 이익을 뜻한다. 세전 이익의
가장 큰 원천은 이자 및 배당수익이었다. 같은 기간 계약자 자금
이 자기자본보다 훨씬 컸기에 어찌 보면 당연한 결과였다. 또한
유가증권 처분이익은 시점 선택에 따라 변동성이 존재하기 마련
이다.

세전 이익	1967년	1968년	1969년	계
순보험영업이익(손실)	358,236	561,777	(171,302)	748,711
이자 및 배당수익	1,279,364	1,612,059	2,025,201	4,916,624
유가증권 처분이익	922,581	974,936	388,789	2,286,306
세전 이익	2,560,181	3,148,772	2,242,688	7,951,641

세전 이익 대비 비율(%)	1967년	1968년	1969년	계
순보험영업이익(손실)	14.0	17.8	(7.6)	9.4
이자 및 배당수익	50.0	51.2	90.3	61.8
유가증권 처분이익	36.0	31.0	17.3	28.8
세전 이익	100.0	100.0	100.0	100.0

* 원문은 'net investment income'으로서 직역하면 '순투자수익' 정도일 것
이다. 하지만 유가증권 투자에서 발생하는 이익을 보유(이자, 배당)와 처분
기준으로 구분해서 보여주기에 '투자영업이익'과 혼동할 소지가 있어 '이자
및 배당수익'으로 옮겼다. 투자영업이익은 이자 및 배당수익과 유가증권 처
분이익의 합이다.

1962년 버크셔가 영위했던 유일한 사업은 섬유산업에 속했다. 1960년대 말 사업 분야는 보험과 은행, 출판업으로 확장했다. 같은 기간 유통주식수가 39.1% 감소했으므로, 주식을 계속 보유하는 주주는 1960년대 초와 비교해 지분율이 높아졌다. 이익원이 훨씬 더 다각화되었을 뿐 아니라 원래의 섬유사업보다 경제성이 나은 사업으로 확장했다는 점이 중요하다.

1962년 마이너스(-)[60]였던 자기자본이익률이 꾸준히 상승해서 1965년 8.1%,[61] 1969년 18.1%를 기록했다.[62] 막대한 주주 가치를 창출함에 따라 주가도 반응해서 1969년 연중 31~42달러에 거래되었다.[63] 다시 말해 버크셔 주가는 1962년 버핏의 최초 매수가에서 연평균 22.5~27.9% 상승했다. 1969년 순이익 800만 달러는 1965년 시가총액 저점의 51.8%에 해당했다.

	1962년	1965년	1969년
순이익(손실)	(2,151,256)	1,979,206	7,952,789
자기자본	32,463,701	24,520,114	43,918,060
자기자본이익률(%)	(6.6)	8.1	18.1

1969년 자기자본이익률이 아주 매력적으로 보이지만 다소 오해의 소지가 있다. 버크셔는 1969년 대규모 유가증권 처분이익을 기록했다.[64] 다년간 투자한 데서 얻은 결과였지만, 회계규정에 따라 1969년의 이익으로 인식했다. 따라서 1969년 순이익과 자기자본이익률 수치는 실제 현실을 다소 과장해서 보여주고, 직전 몇 년 동안의 수치는 다소 축소해서 보여준다.

그 결과 단일 연도의 정상(normalized) 이익 창출력 수준이 왜곡될 수 있지만, 유가증권 처분이익은 오랫동안 버크셔의 실질적인 사업 일부였다. 투자활동에서 발생한 이자 및 배당수익과 처분이익 모두 수십 년간 주주에게 큰 의미가 있었다.

버핏은 버핏파트너십을 통해 섬유사업 순자산 장부가액이 3,250만 달러였고 시장에서 1,210만 달러로 평가받던 기업에 투자했다. 7년 뒤 이 기업은 추가 자기자본 투입 없이도 보험과 은행, 출판, 섬유사업으로 확장해 순자산 장부가액이 4,390만 달러로 증가했고 시장에서 4,270만 달러로 평가받았다.

내셔널 인뎀너티와 일리노이 내셔널뱅크는 계속해서 버핏이 재투자할 현금을 창출했고, 재투자는 버핏이 다시 재투자할 더 많은 현금을 창출했다. 버핏은 그야말로 멋진 복리 기계를 만들어냈다.

자산	현금	유가증권*	섬유	보험 및 은행	자산총계
1964년	920,089	–	26,966,957	–	27,887,046
1965년	775,504	2,900,000	24,546,883	–	28,222,387
1966년	628,721	5,445,795	26,821,662	–	32,896,178
1967년	466,275	3,856,517	24,203,312	9,468,865	37,994,969
1968년	1,605,600	5,421,394	23,957,991	12,754,985	43,739,970
1969년	1,792,835	294,165	19,025,168	35,444,369	56,556,537

자산총계 대비 비율(%)	현금	유가증권*	섬유	보험 및 은행	자산총계
1964년	3.3	–	96.7	–	100.0
1965년	2.7	10.3	87.0	–	100.0
1966년	1.9	16.6	81.5	–	100.0
1967년	1.2	10.2	63.7	24.9	100.0
1968년	3.7	12.4	54.8	29.2	100.0
1969년	3.2	0.5	33.6	62.7	100.0

* 취득원가 기준

5장. 확장: 1970년대

THE EXPANSION 1970'S

1970년대 초반까지 버크셔는 내부 성장과 인수를 통한 확장을 지속했다. 동시에 기존 섬유사업의 규모는 줄었다. 1973년 섬유사업 매출은 3,340만 달러여서[1] 1965년 매출보다 32.2%, 1969년 매출보다 17.4% 감소했다.[2]

섬유사업이 서서히 가라앉는 동안 보험사업은 견고한 성장을 구가했다. 1969년부터 1973년까지 순원수보험료는 75% 증가해 연평균 증가율이 15%에 달했다.[3] 하지만 오른쪽 표[4]에서 알 수 있듯이 일부 하부 부문의 보험료 매출은 변동성이 꽤 컸다. 종전 내셔널 인뎀너티를 지칭하는 '자동차보험, 일반배상책임보험 및 기타' 부문 매출은 1969년부터 1971년까지 83.6% 증가했지만 이후 1973년까지 40.1% 감소했다.

버크셔는 1967년 내셔널 인뎀너티를 인수하며 보험업에 진출했다. 당시 내셔널 인뎀너티의 순원수보험료는 2,200만 달러였고 버크셔 총 보험료 규모(premium volume)의 100%를 차지했다.[5] 1973년 버크셔의 순원수보험료는 5,040만 달러로 증가했고 매출원이 다각화되었다.

내셔널 인뎀너티 부문은 총순원수보험료의 56.8%를 차지했고 나머지는 재보험과 어반오토(Urban Auto), 홈스테이트(Home State) 부문에서 발생했다. 재보험과 홈스테이트 부문은 버크셔의 내부 설립 기업을 지칭하고, 어반오토는 홈 앤드 오토모빌 인슈어런스 컴퍼니(Home and Automobile Insurance Company) 인수에서 유래했다.

부문별 보험료 매출	1969년	1970년	1971년	1972년	1973년
내셔널 인뎀너티*	26,034,000	37,820,000	47,794,000	35,354,000	28,617,000
재보험	2,742,000	7,017,000	14,953,000	11,436,000	10,184,000
어반오토	–	–	2,040,000	6,874,000	6,571,000
홈스테이트	–	249,000	1,668,000	4,286,000	5,000,000
계	28,776,000	45,086,000	66,455,000	57,950,000	50,372,000

부문별 비중(%)	1969년	1970년	1971년	1972년	1973년
내셔널 인뎀너티*	90.5	83.9	71.9	61.0	56.8
재보험	9.5	15.6	22.5	19.7	20.2
어반오토	–	–	3.1	11.9	13.0
홈스테이트	–	0.6	2.5	7.4	9.9
계	100.0	100.0	100.0	100.0	100.0

* 1973년 연차보고서의 '자동차보험, 일반배상책임보험 및 기타' 부문

1970년대 초까지 섬유사업 투하자본은 계속해서 줄었다. 버크셔는 1973년부터 연차보고서의 재무제표에 보험 부문 자회사를 연결 대상으로 보고했다.[6] 이에 따라 연도별 재무상태표 비교는 언뜻 더 복잡해진 것처럼 보인다.

하지만 버크셔는 재무제표 주석에 일부 자산의 세부 사항을 보고했다. 섬유사업 투하자본은 주로 매출채권과 재고자산, 유형자산에 묶여 있었다. 섬유사업의 매출채권은 1965년 740만 달러[7]에서 1970년 390만 달러,[8] 1974년 440만 달러[9]로 감소했다. 재고자산은 1965년 1,030만 달러에서 1970년 850만 달러, 1974년 600만 달러로 감소했다. 유형자산은 1965년 660만 달

러에서 1970년 250만 달러, 1974년 230만 달러로 감소했다.

섬유사업	1965년	1970년	1974년
매출채권	7,422,726	3,916,332	4,377,918
재고자산	10,277,178	8,471,798	5,999,552
유형자산	6,617,447	2,493,775	2,332,879
계	24,317,351	14,881,905	12,710,349

섬유사업 투하자본이 감소한 원인 일부는 매출 감소에 있다. 판매량이 줄면 그만큼 재고자산도 덜 필요한 법이다. 하지만 버크셔의 새로운 경영진은 섬유사업에 더 많은 자본을 투입하는 대신 다른 사업으로의 여정을 밟으려는 생각이 확고했다.

"1970년과 1971년 섬유사업에서 보험사업으로 자본을 추가 재배치했고, 추가 부채를 조달해 자금을 충당했다. 이러한 자본 이동 덕분에 당사의 보험 자회사는 보험업계의 전반적인 인수 여력이 제한적이던 시기에 수익성 있는 보험을 추가 인수해서 규모를 확대했다."
— 버크셔 해서웨이, 1971년 연차보고서

버크셔는 지난 수십 년간 대규모 부채를 사용하지 않았지만, 그렇다고 부채를 전혀 사용하지 않았다는 뜻은 아니다. 1965년 버핏이 지배권을 확보한 후 버크셔는 모든 부채를 상환했다.[10] 1967년 내셔널 인뎀너티 인수 후 이자부 부채는 260만 달러로

증가했다.[11] 1969년 일리노이 내셔널뱅크 인수 자금을 충당하려
고 부채를 조달해서 재무상태표상 이자부 부채가 740만 달러로
증가했다.[12] 이후 보험사업 확장을 위해 추가 자본이 필요해서
1973년 이자부 부채가 2,060만 달러로 증가했다.[13]

버크셔는 기회에 대응해(opportunistic) 자본 조달 구조를 결
정했다. 회사의 역사를 통틀어 이러한 방식이 계속해서 발견된
다. 구체적인 목표 부채자기자본비율(debt to equity)을 설정하는
기업이 많지만 이는 '버크셔 스타일'이 아니다.

1973년 버크셔는 표면이자율이 8%이고 만기가 20년(1993년)
인 회사채를 2,000만 달러 규모로 발행했다.[14] 이에 따라 연
160만 달러의 이자비용과 함께 1979년부터 연 110만 달러씩
원금을 상환할 의무가 있었다. 또한 (1967년 내셔널 인뎀너티 인수 자
금을 마련하려 발행했던—옮긴이) 1987년 만기 일반사채(debenture:
무담보 회사채—옮긴이) 잔액도 59만 8,540달러에 달했다. 여러 측
면에서 분석하더라도 레버리지 총액은 보수적이었던 것으로 보
인다.

1973년 버크셔의 자기자본은 8,120만 달러, 이자부 부채비
율은 25.4%였다. 한편 총자산은 1억 9,610만 달러여서 자기자
본의 2.4배에 달했다.[15] 같은 해 보고 순이익은 1,290만 달러였
다. 이자비용 및 법인세 차감 전 이익(EBIT)은 1,780만 달러[16]여
서 이자비용의 11.2배였다(이자보상배수를 의미한다—옮긴이).[17] 과
거와 비교해 레버리지가 증가한 것은 분명하지만, 버크셔가 마
주한 성장 기회를 고려할 때 충실한 수탁자의 책무를 다하는 부
채 수준으로 보인다.

"과거를 되돌아보면 버크셔 기준에서 아주 높은(하지만 업계 기준에서는 평범한) 수준의 레버리지를 활용했더라면 실제 평균 자기자본이익률 23.8%보다 훨씬 나은 성과를 확실히 냈을 것입니다. 심지어 (버핏파트너십이 버크셔의 지배권을 확보한—옮긴이) 1965년에는 더 높은 레버리지가 좋은 결과로 이어질 확률이 99%라고 판단했을 듯합니다. 다시 말해 업계 수준의 부채비율이 내외부 충격 요인에 의해 일시적인 어려움부터 부도에 이르는 부정적인 결과를 낳을 확률은 1%에 불과했을지도 모릅니다. (중략) 하지만 잘못될 확률이 1%나 존재하는 상황이 마음에 들지 않았고, 앞으로도 그럴 것입니다."

— 워런 버핏, 버크셔 해서웨이 1989년 주주 서한

홈 앤드 오토모빌 인슈어런스 컴퍼니

1971년 9월 30일 버크셔는 홈 앤드 오토모빌 인슈어런스 컴퍼니(이하 홈앤드오토)를 약 200만 달러에 인수했다.[18] 1959년 빅터 라브(Victor Raab)가 설립한 홈앤드오토는 시카고에 기반을 두었다.[19] 인수 당시 원수보험료는 750만 달러여서[20] 버크셔는 주가 매출액배수(price to sales, PSR) 0.27배에 인수했다. 반면 내셔널 인뎀너티는 PSR 0.39배에 인수했다.[21]

버크셔는 홈앤드오토 인수 거래에서 40만 달러 미만의 영업권을 계상했다.[22] 즉 버크셔가 지불한 인수가 200만 달러는 장부가치보다 약 20% 높은 수준이었다.

인수 전까지 홈앤드오토는 주로 시카고에서 보험 인수사업에 집중했다. 요율은 단 하나의 지역에서 수집한 예상손해율(loss expectancy)에 바탕을 두고 결정했다. 버크셔에 인수된 후 신규 지역으로 확장하기로 했고 1973년 마이애미에서 사업을 시작했다.[23]

> "빅터가 홈앤드오토를 설립한 이래 자기자본은 몇 배나 증가했지만, 그의 사업 아이디어와 능력은 자본 기반의 한계로 인해 좁은 지역에 머물 수밖에 없었습니다. 버크셔가 투입한 자금을 활용해 홈앤드오토는 고도의 집중·현장 마케팅과 고유의 보험금 청구 접근법을 다른 인구 밀집 지역으로 확장하는 지점 사업을 구축할 것입니다."
> — 워런 버핏, 버크셔 해서웨이 1971년 주주 서한

버크셔는 홈앤드오토의 트랙레코드를 믿고 사업을 지리적으로 확장하려 했다. 모회사 경영진은 홈앤드오토의 비즈니스 모델을 전국의 더 많은 도시에 복제하기를 바랐다. 1973년 신규 진출한 마이애미는 전사 보험료 매출 대비 비율이 20% 미만이었지만[24] 1974년 25%로 상승했다(원수보험료 170만 달러).[25] 하지만 안타깝게도 버크셔는 확장 시도에 문제가 있음을 곧바로 깨달았다.

버크셔는 오랜 기간 보험 인수사업에서 이익을 낸 홈앤드오토의 역사에 매료되었다. 하지만 홈앤드오토는 1973년 조정 세전 보험영업손실 87만 8,000달러를 기록했다.[26] 1974년에는 손실 규모가 220만 달러로 커졌는데,[27] 마이애미 사업에서 발생한 보험영업손실 160만 달러가 주요 원인이었다.[28] 1974년 보험료 규모와 거의 비슷한 보험영업손실을 낸 후 마이애미 사업을 즉시 중단했다. 그 여파로 시카고의 요율도 인상한 결과 기존 사업의 보험료 규모 역시 감소했다. 1974년 660만 달러였던 원수보험료는 1975년 310만 달러, 1976년 350만 달러로 감소했다.[29]

확장을 시도하다 쓰라린 경험을 한 버크셔는 홈앤드오토의 경영진을 교체했다. 이후 버크셔 연차보고서에서 홈앤드오토를 언급할 때는 오직 시카고에서의 사업을 기준으로 한다. 단일 지역에 집중하는 방식으로 돌아간 후 홈앤드오토는 더 이상 문제가 없었던 것으로 보인다. 1975년 보험영업손실 84만 8,000달러를 냈지만 1976년 6만 1,000달러로 손실 폭이 줄었다.[30]

1976년 이후 버크셔는 연차보고서에서 홈앤드오토의 개별 실적을 다루지 않았다. 당시 홈앤드오토는 이미 버크셔의 전체 보험 부문에서 그리 중요한 비중을 차지하지 않았고, 이후 1985년

사업을 중단했다.[31]

홈앤드오토[32]	1973년[33]	1974년	1975년	1976년
원수보험료	6,571,000	6,613,000	3,072,000	3,463,000
증감률(%)		0.6	(53.5)	12.7
보험영업이익(손실)	(878,000)	(2,183,000)	(848,000)	(61,000)

홈스테이트 사업부

> "1970년 내셔널 인뎀너티는 보험 자회사 콘허스커 캐주얼
> 티 컴퍼니(Cornhusker Casualty Company)를 설립했다. 내셔널
> 인뎀너티는 콘허스커의 유통주식 100%를 소유하고 있다."
>
> — 버크셔 해서웨이, 1970년 연차보고서

버크셔는 오랫동안 수많은 기업을 인수하며 확장했고 보험 분야
에서 내셔널 인뎀너티와 홈앤드오토 인수는 이미 다뤘다. 하지
만 버크셔는 기업가정신을 갖춘 조직이기도 했다. 홈스테이트
그룹은 1970년대 전반에 걸쳐 내부 설립한 회사 집단이다. 사업
전략은 단 하나의 주(state)에 집중하는 독립회사를 여럿 설립하
여 대규모 조직의 자원을 활용하는 동시에 지역 특화 소규모 서
비스를 제공하는 것이었다. 각 회사는 수백 곳의 독립보험대리
점을 통해 고객을 확보했다.

홈스테이트 그룹에서 첫 번째로 설립한 기업이 바로 (네브래
스카주의—옮긴이) 콘허스커 캐주얼티였다(1970년).[34] 다음 해 레
이크랜드 파이어 앤드 캐주얼티 컴퍼니(Lakeland Fire & Casualty
Company)를 설립하며 미네소타주에 진출했다. 이후 텍사스 유나
이티드 인슈어런스(Texas United Insurance)를 설립했고 아이오와
주, 캔자스주, 콜로라도주에도 진출했다.

홈스테이트 부문의 원수보험료는 1970년 24만 9,000달러
에서 1974년 540만 달러로 증가했다.[35] 1970년대 중반에 규
모가 급증하면서 원수보험료는 1975년 810만 달러, 1976년
1,460만 달러를 기록했다.[36]

홈스테이트	1970년	1975년	1980년	1985년
보험료*	249,000	8,148,000	43,089,000	43,208,000
증감률(%)**		3,172.3	428.8	0.3
보험영업이익(손실)		(877,000)	(5,294,000)	(2,791,000)

* 1970년과 1975년 연차보고서는 원수보험료를 공시했지만 1980년과 1985년 연차보고서는 경과보험료를 공시했다.
** 각 5년 전 보험료 대비 증감률—옮긴이

홈앤드오토의 상황과 유사하게 홈스테이트 부문의 확장에
도 어려움이 따랐다. 보험료 증가는 어느 정도 성공했지만 수익
성이 문제였다. 사업을 시작한 지 5년이 지난 1975년 말까지 단
한 해라도 보험영업이익을 낸 것은 콘허스커 캐주얼티 컴퍼니
뿐이었다. 텍사스 유나이티드 인슈어런스는 1972년 설립되었
지만, 1973년 말경 버크셔는 이미 수익성을 이유로 사업 규모를
축소하고 있었다.

결국 이익을 내지 못하는 홈스테이트 회사는 사업을 중단하
기에 이르렀다. 1980년 아이오와주 사업을 중단했고, 1982년
미네소타주의 레이크랜드 파이어 앤드 캐주얼티를 청산했다. 텍
사스 유나이티드 인슈어런스는 1984년경 사업을 중단한 것으로
보이는데, 당시 홈스테이트 부문에서 더 이상 이름을 볼 수 없었
다. 네브래스카주와 캔자스주, 콜로라도주의 홈스테이트 사업은
1985년 말까지 유지했다.

홈스테이트 부문은 1970년부터 1985년까지 거의 모든 연
도에 보험영업손실을 기록했다. 하지만 몇몇 홈스테이트 회사
는 보험영업이익을 내기도 했을뿐더러 모든 회사가 투자영업
이익을 기록했다. 사업을 중단한 개별 회사가 특정 연도의 전체

실적에 영향을 미치기도 했다. 게다가 1980년 10년 만기 국채 수익률이 12.8%로 급등했다.[37] 그해 미국 정부도 돈을 빌릴 때 12.8% 이자를 지급해야 했다는 뜻이다. 충실한 기업 경영진이라면 보험영업이익을 내기 위해 노력해야 하지만, 당시 높은 금리를 고려할 때 형편없는 보험 인수 실적이 일면 당연해 보이기도 한다.

재보험

내셔널 인뎀너티를 인수한 직후 버크셔는 재보험사업부를 창설했다. 재보험은 보험사가 보험 계약을 다른 보험사에 판매하는 사업이다. 재보험을 구매하는 회사(출재사 — 옮긴이)는 전반적인 재무 위험을 줄이거나 특정 재해에 대한 위험 노출을 제한하려고 한다. 지급 준비금을 과소 적립했고 영업 레버리지가 너무 높다는 점을 깨달은 회사는 초과자본을 보유한 다른 회사가 나서서 위험 일부를 인수한다면 좋은 거래라고 생각할 것이다.

재보험은 보험사의 사업 다각화에도 도움이 된다. 한 보험사가 감당하기에 너무 큰 규모의 보험 계약은 일부만 유지하고 나머지는 재보험사에 출재할 수 있다. 자본력뿐 아니라 경영진의 투자 능력과 실적 변동성을 감내할 의지까지 갖춘 버크셔에 재보험업은 딱 들어맞는 사업이었다.

자기자본이익률이 높고 순이익 전부를 유보한 버크셔는 그야말로 자본이 넘쳐났다. 자기자본이 빠르게 증가하면서 버크셔는 갈수록 규모가 큰 원보험을 수재했다. 재보험사가 버크셔처럼 견고한 재무상태표를 갖추는 것은 중요하다. 허리케인이나 다른 자연재해가 발생하면 보험업계 전반의 손해액이 증가하는데, 이때야말로 재보험 계약이 가장 필요한 시기다.

하지만 업계에 어려운 시기가 닥칠 때마다 재보험사의 존폐가 위협받는다면 장기적으로 성공을 담보할 수 없다. 재보험사가 파산하면 당연히 모든 보험계약부채 관련 의무를 이행할 수 없다. 파산한 재보험사에 출재한 회사는 아무런 보호도 받지 못한다. 버크셔는 시간이 흐르면서 축적한 자본과 보험업에 국한

되지 않고 다각화된 이익원 덕분에 재보험업계에서 경쟁우위가 있었다.

버크셔 역시 재보험산업에 매력을 느꼈는데, 투자수익을 내는 데 활용할 플로트의 규모가 막대하기 때문이다. 듀레이션(du-ration)이 길어서 계약자 자금으로 더 오랫동안 투자수익을 낼 수 있는 재보험도 있다. 버핏이 버크셔에서 투자를 운용하는 한 이러한 유형의 플로트는 가치가 크다.

장기적 관점 덕분에 버크셔는 재보험산업에서 또 다른 경쟁우위도 갖추었다. 버크셔는 특정 단일 연도의 순이익 실적에 연연하지 않는다는 점을 수없이 입증했다. 투자 포트폴리오 구성에서나 월스트리트 애널리스트와 거의 대화하지 않았던 데서 단기 성과에 대한 '무심함(indifference)'을 엿볼 수 있다. 버크셔는 특정 연도에 더 높은 이익을 보고하려는 목적으로 유가증권 포트폴리오의 승자 종목을 매도할 수도 있었다. 마찬가지로 손실을 보고하지 않으려는 목적으로 포트폴리오의 패자 종목을 매도하지 않을 수도 있었다. 하지만 두 방법은 모두 주식을 계속 보유하는 주주에게 전혀 도움이 안 된다.

게다가 유가증권 포트폴리오 기업의 순이익에 대한 지분은 원가법을 적용했기에 손익계산서에 등장하지 않았다. 따라서 버크셔는 자회사의 이익 전부가 모회사(버크셔)의 손익계산서에 반영되도록 완전 소유 기업에만 투자할 수도 있었다. 하지만 버크셔는 회계 표시 방식에 바탕을 두고 투자 의사를 결정하지 않았다.

다른 기업은 대개 분기 실적을 예측한 후 이를 달성하도록 임직원에게 요구한다. 다음 분기 실적을 염두에 두는 기업이라

면 분기별 실적 변동성이 증가하는 결과를 낳을지도 모를 대규
모 재보험이 달갑지 않았을 것이다. 버크셔는 실적 예측치를 제
공한 적이 없었고, 월스트리트 애널리스트를 불러 분기 실적을
발표한 적도 없었다. 버핏은 이것이 기업을 경영하는 올바른 방
법이라고 믿었다.

버크셔의 재보험사업부는 1969년 말 출범 후 다음 해 경과
보험료 700만 달러를 기록했다.[38] 이후 10년간 보험료 매출은
연평균 17% 증가했다. 특히 1975년부터 1980년까지 5년간 보
험료 매출의 연평균 증가율은 27.9%였다. 하지만 1980년부터
1985년까지 보험료 매출이 대폭 감소했는데, 보험 인수의 수익
성이 급락했기 때문이다.

버크셔의 재보험 부문은 1985년 보험영업손실 1,970만 달
러를 기록했고 보험료 매출은 1,260만 달러에 불과했다.[39] 재보
험의 듀레이션이 긴 것은 플로트 투자 측면에는 좋지만 보험 인
수 차원의 문제가 발생할 수 있다.

재보험	1970년	1975년	1980년	1985년
보험료	7,017,000	9,894,000	33,804,000	12,616,000
증감률(%)*		41.0	241.7	(62.7)
보험영업이익(손실)		(2,194,000)	(233,000)	(19,712,000)

* 각 5년 전 보험료 대비 증감률 — 옮긴이

모든 경쟁우위에도 불구하고 산업 역학으로 인해 버크셔는 몇 년간 어려움을 겪었다. 보험업계는 전반적으로 경쟁이 치열하고 재보험업계는 특히 경쟁 강도가 높다. 진입장벽은 사실상 없는 것이나 마찬가지다. 자본이 있고 시간이 많이 흐른 후 보험금을 지급하겠다고 계약할 의향이 있다면 누구나 재보험사업을 할 수 있다. 그러한 계약을 하고 보험을 인수한 후 재보험사는 보험료를 현금으로 먼저 받는다. 현금을 먼저 받고 보험금을 나중에 지급하는 계약의 특성으로 인해 특히 산업 전반적으로 최근 수익성이 좋다면 신규 진입자가 너도나도 뛰어든다.

보험사가 장기적으로 성공하려면 보험 인수의 수익성이 좋지 않을 때 사업 규모를 대폭 줄일 수 있어야 한다. 1980~1985년 기간을 보면 버크셔가 필요시 사업을 축소했다는 점을 알 수 있다. 1985년 재보험료 매출은 1980년과 비교해 62.7% 감소했다. 이러한 매출 감소를 감당할 수 없는 기업도 있다. 예컨대 간접비가 높은 전업 재보험사는 비용과 관계없이 인수할 재보험을 찾아다닐 수밖에 없다. 그러한 유형의 인수는 결국 악몽으로 되돌아오기 마련이다.

주주에게는 다행스럽게도 버크셔는 수익성 없는 거래를 거절할 의지와 능력을 모두 갖추었다. 완벽한 보험 인수는 불가능하고 손해는 언제든 발생할 수 있지만, 버크셔는 전반적으로 큰 문제를 겪지 않았다.

가이코

가이코(Government Employees Insurance Company, GEICO)는 1970년
대에 버크셔 보험 부문의 중요한 축을 담당했다. 버핏과 가이코
의 첫 인연은 수십 년을 거슬러 올라간다. 1951년 12월 버핏은
"내가 가장 좋아하는 주식(The Security I Like Best)"이라는 제목으
로 가이코에 관한 보고서를 기고했다(264쪽 부록 참고—옮긴이).[40]

　같은 해 스무 살의 버핏은 개인 순자산의 절반 이상을 가이
코에 직접 투자했다.[41] 총 투자금은 1만 282달러였고 평균 매수
가는 주당 30달러에 조금 못 미쳤다. 그의 매수가에 바탕을 두
면 당시 시가총액은 730만 달러 수준이었다. 다음 해 주가가 대
폭 상승하자 버핏은 보유주식을 매도했지만 가이코는 이후에도
준수한 실적을 올렸다.

　1973년 가이코는 보험영업이익을 내면서 28년 연속 흑자 기
록을 이어갔다.[42] 같은 해에 기록한 시가총액 10억 달러는 버핏
이 보고서를 기고했던 시점의 142배에 달했다.[43] 버핏이 20년
간 계속해서 가이코에 투자했다면 투자금 1만 282달러는 연평
균 27% 증가해 130만 달러가 되었을 것이다.[44] 물론 같은 기
간 버핏의 투자 포트폴리오는 가이코를 편입하지 않았는데도
훌륭한 실적을 올렸다. 그가 운용한 투자조합인 버핏파트너십
은 1957년부터 1969년까지 연평균 수익률 29.5%를 기록했
다.[45] 나아가 버크셔의 주가는 1965년부터 2019년까지 연평균
20.3% 상승했다.[46]

　가이코의 비용 구조야말로 진정한 경쟁우위의 원천이었다.
당시 대다수 보험사와 달리 가이코는 보험대리점을 활용하지 않

고 우편을 이용해 고객에게 직접 마케팅했다. 보험업에서는 손해율과 사업비율을 더한 합산비율을 효율성 척도로 사용한다. 손해율은 해당 연도의 보험 계약에서 발생한 손해액을 말하고, 사업비율은 사업 운영에 필요한 간접비를 뜻한다. 가이코는 고객 직접 영업 방식 덕분에 업계에서 가장 낮은 사업비율을 꾸준히 유지했다.

1975년을 기준으로 할 때 가이코의 사업비율은 직전 30년 간 16.5%를 넘은 적이 없었다. 같은 기간 주식회사 형태의 손해보험사*는 평균 사업비율이 36.9%에 달했다.[47] 1975년 당시 미국 최대 손해보험사였던 스테이트팜과 올스테이트의 자동차보험 부문 사업비율은 각 18.3%와 24.1%였다.[48] 저비용 구조의 가이코는 고객에게 더 낮은 요율을 적용하더라도 대다수 경쟁사보다 높은 이익률을 낼 수 있었다.

가이코의 영업 방식은 비용 구조 면에서 확실한 경쟁우위가 있었지만, 이 비즈니스 모델을 모방한 기업은 거의 없었다. 유나이티드 서비스 오토모빌 어소시에이션(United Services Automobile Association, USAA)은 군인 고객에게 집중해 유사한 비즈니스 모델을 운영했다. 가이코 창업자 레오 굿윈 시니어(Leo Goodwin Sr.)는 공무원에 초점을 두는 자기 회사를 설립하기 전 USAA에서 근무했다.

하지만 대다수 보험사는 고객 직접 영업 방식이 아니라 보험 대리점에 계속해서 의존했다. 이미 방대한 대리점 영업망을 구축한 기성 기업이 기존 방식을 탈피하기는 어려웠을 것이다. 이

---

* 한국 손해보험사는 모두 주식회사 형태지만, 해외 손해보험사 중에는 보험 계약자가 소유권을 갖는 상호회사(mutual company) 형태도 있다.

들은 자사 대리점이 경쟁사보다 나은 서비스를 제공한다고 내
외부에 마케팅했다. 특정 비즈니스 모델에 너무 많은 시간과 노
력을 기울인 나머지, 기존 경로를 감히 바꾸려는 회사가 거의 없
었다.

　보험업의 신규 진입자 역시 가이코와의 경쟁에서 어려움을
겪었다. 가이코는 1936년 설립 이래 수십 년간 브랜드를 천천히
구축해왔다. 우편을 활용한 독특한 직접 영업 방식도 보험금 청
구 관리와 고객 서비스 차원에서 경쟁사가 넘어야 할 벽이었다.
가이코는 수십 년의 경험에 바탕을 두고 백오피스(back-office) 업
무를 효율적으로 처리했다. 스타트업 기업이 가이코 수준의 규
모를 갖추는 동시에 16.5% 미만의 사업비율과 높은 서비스 수
준도 유지하며 스케일업(scale-up)하는 것은 결코 쉬운 일이 아니
었다.

　가이코는 많은 경쟁우위를 갖췄는데도 1970년대 중반 들어
망할 뻔한 위기를 겪었다. 영업 레버리지가 상당히 높은 상황에
서 보험 인수가를 낮게 책정한 결과 막대한 적자를 기록하며 사
실상 주주가치를 전부 훼손했다. 파산 직전의 위기에 몰렸을 때
버핏이 등장해 다시 가이코에 투자했다.

	1973년	1974년
원수보험료	534,219,554	565,226,189
계약자 잉여금	130,703,428	103,048,706
원수보험료 대 계약자 잉여금 비율(배)	4.09	5.49

원수보험료 대 계약자 잉여금(policyholder surplus)* 비율은 보험사의 재무 건전성을 보여주는 척도다('계약 인수 능력'이라고도 부른다―옮긴이). 비율이 높으면 영업 레버리지가 높고 위험 수준도 높다. 반면 비율이 낮은 보험사는 더 큰 보험영업손실을 흡수할 여력이 있다. 가이코는 오랫동안 계속해서 흑자를 냈기에 원수보험료 대 계약자 잉여금 비율이 대개 업계 평균보다 높았다. 법정(statutory) 잉여금을 기준으로 둘 때 1973년 4.09배, 1974년 5.49배였다.[49] 손해보험업계의 평균 비율은 1973년 1.97배, 1974년 2.73배로 추정한다.[50]

영업 레버리지의 또 다른 척도는 보험료를 일반기업회계기준(GAAP)에 의한 보고 자기자본과 비교하는 것이다. 1974년 가이코의 원수보험료는 자기자본의 3.93배였다. 이러한 영업 레버리지 수준에서는 합산비율이 125.4%일 때 자기자본이 전부 사라진다(투자영업이익의 상쇄 효과는 고려하지 않았다).[51] 가이코 주주에게는 안타깝지만 1975년에 바로 그 일이 일어났다.

가이코는 28년 연속 흑자 기록을 뒤로하고 1974년 보험영업손실 590만 달러를 기록했다. 같은 해 합산비율은 101.2%였다.[52] 하지만 투자영업이익 덕분에 전사 순이익은 2,510만 달러였고[53] 자기자본이익률은 17.5%였다.[54] 같은 해 1,420만 달러를 배당으로 지급했는데,[55] 가이코는 이 현금을 계속 보유하는 것이 나은 결정이었다고 곧 후회하게 된다.

가이코가 보험영업손실을 낸 시점에 전반적인 주식시장도 하락했다. 1974년 말 재무제표상 유가증권 평가손실은 4,230만

---

* 보험감독회계기준(Statutory Accounting Principles, SAP)에 바탕을 둔 보험사의 자산에서 부채를 뺀 순자산 또는 자기자본.

달러로 전년 대비 손실이 3,300만 달러나 증가했다.[56] 가이코가 견고한 자본 기반을 필요로 하는 시점에 보유 유가증권 평가액의 하락으로 인해 자기자본이 감소했다.

1975년 가이코는 충격적인 1억 9,090만 달러 보험영업손실을 냈다. 투자영업이익과 (결손금에 따른—옮긴이) 법인세 혜택을 반영한 전사 순손실은 1억 2,650만 달러였다.[57] 계속해서 배당을 지급한 결과 1975년 초 가이코의 이익잉여금은 7,160만 달러, 자기자본은 1억 4,370만 달러에 불과했다. 따라서 가이코의 향후 지급 능력(solvency)을 두고 회의적인 견해가 지배적이었다.[58]

1975년 원수보험료 대 계약자 잉여금 비율은 도저히 사업을 지속하기 힘든 수준인 13.4배로 급등했다.[59] 보험 규제당국은 추가 자본을 투입하고 부채를 줄이지 않는다면 가이코의 영업을 허가하지 않았을 것이다. 주가는 1973년 58.88달러[60]에서 1976년 2.13달러[61]로 하락했다. 가이코가 수십 년 동안 창출한 어마어마한 부는 이 짧은 기간에 다 사라졌다.

혼란에 빠진 가이코는 생존 가능성조차 불투명했다. 하지만 중요한 경쟁우위인 비용 구조는 그대로 유지되었다. 1975년 합산비율은 124.2%로 상승했는데 손해율 상승이 주요 원인이었다. 사업비율은 14.4%로 우수한 수준을 유지했지만 손해율이 무려 109.8%로 급등했다.[62] 가이코가 살아남아 보험 인수 성과를 향상한다면 사업비율은 여전히 중요한 경쟁우위가 될 터였다.

가이코가 생존하려면 자본을 조달하고 사업 규모를 줄이며 수익성에 초점을 두어야 했다. 다행히 업계 참여자로부터 재보험을 제공하겠다는 약속을 받아서 자금 부담을 얼마간 덜 수 있

었다. 전환우선주도 발행해 총 7,500만 달러를 조달했다.[63]

사업 규모를 줄이려는 노력의 하나로 1976년 모든 마케팅 프로그램을 중단하고 대다수 영업점을 폐쇄했다.[64] 1976년 출재보험료를 차감한 순원수보험료는 전년 대비 30.7% 감소했다. 보험영업손실은 6,020만 달러에 달했지만 직전 연도보다 다소 개선되었다.[65]

1976년 1분기 전사 순손실은 2,640만 달러였지만 하반기에 흑자 전환해 3분기 580만 달러와 4분기 800만 달러 순이익을 냈다. 추가 자본을 조달한 덕분에 원수보험료 대 계약자 잉여금 비율은 1분기 17배에서 4분기 3배로 떨어졌다. 계약자 잉여금 (법정 잉여금 기준—옮긴이)은 1분기 3,930만 달러에서 4분기 1억 3,670만 달러로 증가했다. 가이코는 이제 성장보다 보험 인수의 수익성에 중점을 두었다.[66]

1976년	1분기	2분기	3분기	4분기
경과보험료	164,228,822	167,566,267	165,425,198	78,181,974
보험영업이익(손실)	(27,842,370)	(21,409,717)	(7,253,449)	(3,726,231)
이자 및 배당수익	8,829,015	9,368,668	10,058,373	9,869,279
이자비용	1,068,524	1,066,875	1,065,191	1,063,470
법인세(혜택)	36,347	36,348	36,347	(109,042)
유가증권 처분이익(손실)	(6,323,621)	(549,846)	4,140,461	2,793,113
순이익(손실)	(26,441,847)	(13,694,118)	5,843,847	7,981,733

1976년	1분기	2분기	3분기	4분기
계약자 잉여금	39,274,000	27,644,000	35,166,000	136,665,000
원수보험료 대 계약자 잉여금 비율(배)	17	26	19	3

"당사 경영진은 가이코가 그동안 가장 잘했던 일을 하는 것이 보험영업 부문에서 수익성을 확보하는 가장 빠른 방법이라고 확신한다. 이에 따라 주로 직접 마케팅 방식을 통해 위험 특성이 우수한 보험만을 유치하고 선별 인수하는 것에 고도로 집중하고 있다."

— 가이코, 1976년 연차보고서

그동안 가이코는 위험 특성이 우수한 운전자의 보험 인수에 집중함으로써 명성을 떨쳤다. 1930년대 사업 초창기에는 위험 수준이 낮은 계약자가 공무원이라고 판단했다. 시간이 흐르면서 고성장을 구가하려던 가이코는 공무원이 아닌 고객 기반으로 확장했다. 운전을 험하게 하는 열여섯 살짜리 소년이 일반적인 운전자보다 사고 발생 위험이 크다는 사실을 이해하기 위해 뛰어난 보험 계약 인수 능력이 필요하지는 않다.

고위험군을 대상으로 하는 보험 인수에 집중하는 일부 기업도 있다. 고위험을 인수하는 대가로 계약자에게 높은 요율을 부과할 수 있다면 그러한 사업도 당연히 일리가 있다. 하지만 가이코는 그러한 전략을 추구한 적이 없었다. 1976년경 향후 사업 규모를 축소하려던 가이코는 위험 특성이 우수한 운전자를 대상으로 하는 보험 인수에 다시 집중하기로 했다. 보험업계는 이러한 계약자를 '표준체(standard)'나 '표준미달체(nonstandard)'와 대비되는 '우량체(preferred risk)'로 불렀다.

버크셔는 1976년 가이코의 보통주를 주당 3.18달러에 처음 매수했다. 같은 해 말 가이코가 발행한 전환우선주도 주당 9.77달러에 인수했다. 버크셔는 가이코 보통주에 410만 달러, 전환우선주에 1,940만 달러를 투자했다.[67] 전환우선주 1주는 보통주 2주로 전환할 수 있었다.[68] 1976년 말 기준 버크셔의 가이코 지분율은 15.4%였다(취득원가 2,350만 달러).

1976년 버크셔가 완전 소유한 보험 자회사의 원수보험료 합계는 9,480만 달러였다.[69] 같은 해 가이코의 순원수보험료에 버크셔의 지분율 15.4%를 적용하면 7,140만 달러에 달했다. 지분율이 15.4%에 불과했으므로 버크셔는 재무제표에 지분율만큼의 가이코 보험료를 연결 보고하지 않았다. 하지만 가이코 보험료 지분을 하나의 사업 부문으로 해석한다면 버크셔 해서웨이 보험 그룹에서 규모가 가장 큰 하부 부문이었을 것이다.

자동차보험, 일반배상책임보험 및 기타 부문(종전 내셔널 인뎀너티)의 1976년 원수보험료는 6,090만 달러였다. 다음으로 규모가 컸던 재보험 부문의 원수보험료는 1,580만 달러였다.[70]

1976년 가이코의 총자산 9억 1,180만 달러[71]에 버크셔의 지분율을 적용하면 1억 4,040만 달러였는데, 같은 해 버크셔의 총자산은 2억 8,300만 달러였다. 1976년 이후 버크셔 보험 부문에서 가이코 투자가 중요한 부분을 차지했다는 점을 보여준다. 1980년 가이코 보험료에 대한 버크셔의 지분은 버크셔 해서웨이 보험 그룹의 총보험료를 앞섰다. 게다가 같은 해 버크셔 자

회사의 보험영업이익은 670만 달러[72]에 불과했지만 가이코 순
이익에 대한 지분은 2,160만 달러였다(117쪽 표 참조).

부문별 원수보험료	1976년	1978년	1980년
종전 내셔널 인뎀너티	60,860,000	96,126,000	88,404,000
종업원 상해보험	–	29,893,000	19,890,000
재보험	15,823,000	30,160,000	33,804,000
어반오토	3,463,000	–	–
홈스테이트	14,627,000	29,894,000	43,089,000
계*	94,773,000	186,073,000	185,187,000
가이코	463,410,475	620,763,000	638,621,000
버크셔 지분	71,365,213	95,597,502	226,710,455

부문별 보험영업이익(손실)	1976년	1978년	1980년
종전 내셔널 인뎀너티	923,000	11,543,000	7,395,000
종업원 상해보험	–	(3,944,000)	4,870,000
재보험	(2,374,000)	(2,443,000)	(233,000)
어반오토	(103,000)	–	–
홈스테이트	(1,569,000)	(2,155,000)	(5,294,000)
계*	(3,123,000)	3,001,000	6,738,000
가이코	(60,231,767)	36,028,000	5,652,000
버크셔 지분	(9,275,692)	5,548,312	2,006,460

* 가이코 제외

버크셔는 1979년 주당 10.29달러에 가이코 보통주 46만 1,900주를 추가 매수했다. 이로써 버크셔의 가이코 투자액(취득 원가)은 2,830만 달러로 증가했고[73] 지분율도 26.8%로 상승했다.[74] 뒤이어 1980년에도 주당 12.82달러에 약 150만 주를 추가 매수하며 지분을 늘렸다.[75] 1980년 말 버크셔의 가이코 지분율은 35.5%였다(취득원가 4,710만 달러).[76] 몇 년간 계속해서 흑자를 낸 가이코가 초과현금흐름으로 자사주를 매입하면서 1985년 말 버크셔의 지분율은 38%로 상승했다.[77]

당시 버크셔는 가이코처럼 지분율이 상당히 높은 투자를 대개 지분법 적용 투자주식으로 분류해 회계 처리해왔다. 그러면 가이코 순이익에 대한 지분은 버크셔의 손익계산서 항목으로 반영된다(영업외손익인 지분법손익—옮긴이). 하지만 버크셔는 가이코의 담당 주보험감독기구(state insurance regulator)로부터 가이코 의결권을 포기하라는 명령을 받았다.

의결권이 없다면 버크셔가 가이코 지분을 지분법 적용 투자주식으로 분류할 만큼 영향력이나 지배력을 행사한다고 보기가 어렵다. 따라서 버크셔는 가이코 지분을 원가법 적용 투자주식으로 분류해서 가이코가 버크셔에 지급하는 배당만 손익계산서상 수익으로 인식했다(별도 손익계산서의 배당수익—옮긴이).

시간이 흐르면서 이러한 회계 표시 방식으로 인해 버크셔의 손익계산서는 가이코가 기여하는 가치를 대폭 축소해서 보여주게 되었다.

	1977년	1980년	1983년
가이코 순이익	58,600,000	60,763,000	113,753,000
가이코 순이익에 대한 버크셔 지분	9,024,000	21,570,865	38,221,008
보통주 배당금	158,046	3,096,000	4,932,000
버크셔 보고 순이익	30,393,000	53,122,000	112,166,000
지분법 적용 시 버크셔 순이익 증감률(%)*	29.2	34.8	29.7

* (가이코 순이익에 대한 버크셔 지분-보통주 배당금)/버크셔 보고 순이익 — 옮긴이

    1977년 가이코는 보통주 1주당 겨우 0.03달러의 배당을 지급했지만[78] 주당 배당은 1980년 0.43달러, 1983년 0.72달러로 증가했다.[79] 1977년 가이코의 보고 순이익 5,860만 달러[80]에 대한 버크셔 지분은 900만 달러였지만, 일반기업회계기준에 의해 버크셔 순이익에는 배당수익 15만 8,046달러만 반영했다. 가이코 순이익에 대한 버크셔 지분은 1980년 2,160만 달러, 1983년 3,820만 달러로 증가했다. 지분법을 적용했다면 버크셔의 보고 순이익은 1980년 34.8%, 1983년 29.7% 증가했을 것이다.

    회계 관점에서는 가이코의 유보이익보다 배당이 버크셔에 더 중요해 보였지만 경제적 가치 면에서는 그렇지 않았다. 버크셔는 지급받은 배당에 대해 소득세를 납부해야 하지만, 가이코의 유보이익에 대해서는 추가 납부할 세금이 없다. 가이코는 향후 오랫동안 성장할 가능성이 큰 훌륭한 기업이었으므로 유보이익은 더 높은 비율로 복리 성장할 가능성이 있었다. 회계 표시 방식은 버크셔의 내재가치에 영향을 미치지 않았다.

"(에이브러햄 링컨은) 그 질문을 논할 때면 한 소년과 관련된 일
화에 비유하곤 했다. 꼬리를 다리라고 부른다면 송아지의 다
리는 몇 개냐는 질문에 소년은 '다섯 개'라고 답했다. 하지만
꼬리를 다리라고 부른다고 해서 다리가 되는 것은 아니다."

—《Reminiscences of Abraham Lincoln(에이브러햄 링컨의 회상)》[81]

전환우선주 발행에 따른 희석 효과를 고려하면 1976년 가
이코의 시가총액 저점은 7,290만 달러였다. 2년 전만 해도 순이
익이 그 34.4%에 해당하는 2,510만 달러였다.[82] 1976년 보험
계약부채의 플로트는 4억 8,930만 달러였다.[83] 1977년 순이익
이 5,860만 달러로 증가하면서 회사가 폭풍우를 이겨냈다는 사
실이 확실해졌다.[84] 1977년 순이익은 1976년 시가총액 저점의
80.4% 수준이었다.

가이코	1970년	1975년	1980년	1984년
경과보험료	289,243,236	603,320,611	653,099,000	874,896,000
연평균 증감률(%)*		15.8	1.6	7.6
순이익(손실)	14,191,725	(126,456,994)	60,763,000	131,313,000

* 각 5년 전 기준 연평균 증감률(단, 1984년은 4년 전인 1980년 기준)—옮긴이

	1970년	1975년	1980년	1984년
손해율(%)	85.6	109.8	80.5	82.1
사업비율(%)	12.1	14.4	15.9	15.6
합산비율(%)	97.7	124.2	96.4	97.7
10년 만기 국채 수익률(%)	6.4	8.0	12.8	11.5

시간이 지나 돌아보면 위 기간 가이코의 주가는 거저나 마찬가지였지만 당시 투자자는 중대한 위험을 마주했다. 1975년과 1976년 당시에는 가이코가 살아남을지 확신할 수 없었다. 업계 참여자가 재보험을 제공하기로 했지만 인수 자체가 보장된 것은 아니었다. 재보험을 인수하기로 한 것은 사실상 가이코의 경쟁사였다. 이들은 가이코의 비용 우위를 당연히 알고 있었을 테고, 향후 가이코와 경쟁하고 싶지 않았을 것이다. 재보험을 실제로 인수할 생각은 없어서 결국 가이코가 파산하는 데 일조할지도 모를 일이었다.

게다가 1975~1976년 가이코 주주는 곧 닥칠 보통주 희석 효과의 정도에 관한 불확실성도 마주하고 있었다. 가이코는 빠르게 자본을 조달해야 하는 상황이었기에 협상력이 부족했다. 1970년대 중반 공개시장에서 가이코 주식을 매수한 투자자는 파산 위험뿐 아니라 희석 위험도 감수해야 했다.

같은 기간 가이코의 보험 계약 인수 능력에 관해서도 회의적인 시각이 존재했다. 당시에는 가이코가 얼마나 빠른 속도로 회복할지를 알기가 어려웠다. 잠재 투자자는 1970년대 중반 가이코의 보험영업손실이 향후 반복될지, 아니면 일회성인지 판단해야 했다. 가이코가 수익성과 위험 특성이 우수한 고객에 초점을 두는 모습을 보고 우선 안심했겠지만, 1970년대 중반의 역사를 볼 때 단 몇 년만 보험 인수 실적이 좋지 않아도 가이코처럼 훌륭한 회사가 무너질 수 있다는 점이 입증되었다. 은행이나 보험사처럼 재무 레버리지를 사용하는 조직은 끊임없이 그 위험에 노출되어 있다.

따라서 가이코의 재보험을 수재했을 뿐 아니라 지분도 취득한 버크셔의 행보는 남달랐다. 버크셔의 보험 자회사는 가이코의 재보험 계약 일부를 인수했다.[85] 버크셔는 가이코가 발행한 전환우선주 전량을 인수할 의향도 있었지만, 시장 수요가 높아서 일부만 취득할 수 있었다.[86] 이러한 관점은 버크셔가 가이코 투자를 결정하는 과정에서 확신을 갖는 데는 도움이 되었지만, 가이코 투자에 따르는 위험을 제거한 것은 결코 아니었다.

사이프러스 인슈어런스 컴퍼니

1977년 12월 버크셔는 사이프러스 인슈어런스 컴퍼니(Cypress Insurance Company)를 인수했다. 로스앤젤레스에 본사를 둔 사이프러스는 종업원 상해보험을 제공하는 보험사였다.[87] 1977년 사이프러스의 경과보험료는 1,260만 달러[88]였고 버크셔는 인수가로 270만 달러를 지불했다. 즉 주가매출액배수는 0.21배였다.[89]

　1978년 사이프러스의 원수보험료는 1,400만 달러로 증가했다.[90] 당시 버크셔는 내셔널 인뎀너티 지점과 사이프러스, 다이버시파이드 리테일링의 자회사[서던 캐주얼티(Southern Casualty)]를 통해 종업원 상해보험사업을 진행했다.

> "1977년 12월 23일 당사의 보험 자회사[*]는 캘리포니아주 사우스패서디나 소재 사이프러스 인슈어런스 컴퍼니의 유통주식 전량을 현금 약 270만 달러에 취득했다."
> — 버크셔 해서웨이, 1977년 연차보고서

　인수 후 사이프러스의 개별 재무 데이터는 거의 공개된 바가 없다. 하지만 버크셔는 연차보고서를 통해 종업원 상해보험 부문의 전체 실적은 공개했다. 1977년 이전에는 해당 부문의 규모가 미미한 수준이었다.

[*]　내셔널 파이어 앤드 마린을 통해 인수했다.

종업원 상해보험	1978년	1980년	1982년	1984년
보험료	29,893,000	19,890,000	15,951,000	22,665,000
증감률(%)*		(33.5)	(19.8)	42.1
보험영업이익(손실)	(3,944,000)	4,870,000	2,658,000	(12,560,000)

* 각 2년 전 보험료 대비 증감률—옮긴이

종업원 상해보험 부문의 실적은 몇 년간 뛰어난 수익성을
보이다가 1984년 다소 우려스러운 실적을 올리는 등 혼재된 양
상을 보였다. 하지만 같은 기간 종업원 상해보험 부문은 버크셔
의 전체 보험 부문에서 비중이 작았고, 종전 내셔널 인뎀너티와
홈스테이트 부문보다 경과보험료가 낮았다. 게다가 1984년과
1985년을 제외하고는 재보험 부문 경과보험료가 더 높았다.

웜벡밀즈

1970년대 중반 버크셔는 또 다른 섬유공장을 인수했다. 1975년 4월 웜벡밀즈(Waumbec Mills)를 170만 달러에 인수했는데,[91] 당시 버크셔의 자기자본은 9,290만 달러였고 총자산은 2억 2,570만 달러였다.[92] 따라서 버크셔 전체에 비해서는 아주 작은 규모였다. 버핏이 버크셔의 지배권을 확보한 지 10년이 지난 후 섬유공장을 또 인수했다는 사실은 다소 의아함을 자아낸다.

> "1975년 당사는 웜벡밀즈 주식회사의 유통주식 전량을 취득함으로써 뉴햄프셔주 맨체스터에 위치한 섬유제품 제조 시설과 마감 설비를 추가 인수했다."
> — 버크셔 해서웨이, 1975년 연차보고서

버핏이 처음 버크셔에 투자했던 때와 유사하게 웜벡밀즈 역시 장부가치보다 낮은 가격에 거래되던 섬유공장이었다. 자기자본이익률이 형편없다는 문제점도 과거 버크셔의 섬유사업과 유사했다. 당시 웜벡밀즈는 이월결손금 공제 한도가 260만 달러 남아 있었지만, 절세 효과를 누리려면 어느 정도 흑자를 내야 했다.[93]

섬유 부문 매출	1974년	1975년
버크셔	32,592,000	23,521,000
웜벡밀즈	–	9,312,000
계	32,592,000	32,833,000

섬유 부문의 총매출은 1974년부터 1975년까지 큰 변화가
없었던 것처럼 보이는데, 웜벡밀즈를 인수했기 때문에 가능했던
결과다. 1975년 버크셔의 섬유 부문 매출은 전년 대비 27.8%,
매출총이익은 42.4% 감소했다.[94]

웜벡밀즈 인수는 섬유사업을 조금 더 오래 유지하려는 시도
였을는지도 모른다. 버크셔의 섬유공장은 뉴잉글랜드에서 많은
사람을 고용하고 있었으므로 사업을 중단하면 큰 고통이 뒤따랐
을 것이다. 웜벡밀즈 인수가 섬유사업에 얼마간 생명줄 역할을
했을지는 몰라도 미래는 여전히 암울해 보였다.

섬유 부문 매출총이익	1974년	1975년
버크셔	5,163,000	2,972,000
매출총이익률(%)	15.8	12.6
웜벡밀즈	–	1,627,000
매출총이익률(%)	–	17.5
계	5,163,000	4,599,000
매출총이익률(%)	15.8	14.0

K&W 프로덕츠

1976년 1월 버크셔는 K&W 프로덕츠를 210만 달러에 인수했다.[95] K&W는 캘리포니아주 로스앤젤레스와 인디애나주 블루밍턴에서 자동차 특수 화학제품을 제조하는 회사로서 1940년 설립 이래 흑자 기록을 이어왔다.

K&W는 버크셔와 비교하면 규모가 작았지만, 버크셔가 여전히 유지하던 구식 섬유사업과 다른 점이 많아서 지금 돌아봐도 꽤 흥미롭다. 1976년 버크셔의 섬유 부문 매출은 4,460만 달러[96]로 총매출의 32.1%를 차지했다.[97] 같은 해 K&W의 매출은 250만 달러로 버크셔 총매출의 1.8%를 차지했다.

하지만 K&W는 섬유 부문보다 이익률이 훨씬 높았다. 1976년 K&W의 매출총이익률은 57.6%였고 세전 이익률은 20.5%였다.[98] 같은 해 섬유 부문의 매출총이익률은 겨우 9.3%였고 세전 이익률은 2.6%였다.[99] 그 결과 신규 자동차 화학제품 부문과 섬유 부문의 순이익 격차는 대폭 줄어든다.

1976년 K&W가 속한 부문의 세전 이익은 51만 8,000달러로 총 세전 이익의 1.9%를 차지했고, 섬유 부문의 세전 이익은 110만 달러로 4.1%를 차지했다. K&W는 언뜻 중요도가 높지 않아 보이지만 이익 척도에서는 당시 섬유사업만큼 중요했다. 더구나 K&W의 사용자본 규모가 훨씬 작았으므로 버크셔에는 훨씬 가치가 컸다.

제조 부문	섬유	K&W 프로덕츠
매출	44,644,000	2,530,000
매출총이익	4,162,000	1,458,000
매출총이익률(%)	9.3	57.6
세전 이익	1,148,000	518,000
세전 이익률(%)	2.6	20.5

버크셔는 1978년 이후 K&W 프로덕츠의 개별 재무 데이터를 더 이상 보고하지 않았다. 인수 당시에도 버크셔와 비교해 규모가 작았지만, 버크셔가 계속해서 확장하고 이익이 복리 증가하면서 점점 더 중요도가 떨어졌다. K&W는 성숙 단계 기업이었기에 이후 거의 성장하지 않았을 것이다. 그래서 K&W의 현금이익 대부분을 모회사(버크셔)로 이동해 버크셔의 확장에 작게나마 힘을 보탰다.

6장. 다른 기업들

THE OTHER COMPANIES

다이버시파이드 리테일링 컴퍼니

다이버시파이드 리테일링 컴퍼니(이하 다이버시파이드)는 버핏과 찰리 멍거, 데이비드 '샌디' 고츠먼이 볼티모어 소재 백화점 호크실드콘을 인수하기 위해 1966년 1월 함께 설립한 회사다.[1] 비상장 기업이었지만 공모채를 발행했기에 미 증권거래위원회에 재무제표를 제출할 의무가 있었다.

다이버시파이드는 버핏과 멍거가 처음으로 함께 출자해 만든 회사다. 멍거는 나중에 버크셔의 부회장직을 맡을 뿐 아니라 고츠먼과 함께 버크셔 이사회에 합류하게 된다. 버핏은 처음에는 버크셔와 관계없이 버핏파트너십을 통해 다이버시파이드에 출자했다.

다이버시파이드는 호크실드콘을 1,200만 달러에 인수했고 인수 자금의 절반씩을 자기자본과 차입금으로 조달했다.[2] 이어서 1967년 4월 어소시에이티드 코튼숍(Associated Cotton Shops)을 600만 달러에 인수한 후 사명을 어소시에이티드 리테일 스토어(Associated Retail Stores)로 변경했다.[3] 어소시에이티드 리테일 인수 자금은 전부 차입금으로 조달했다. 종합하면 두 기업 인수 자금의 3분의 1은 자기자본으로, 3분의 2는 차입금으로 조달했다.[4]

다이버시파이드는 1967~1968 회계연도에 높은 자기자본이익률을 보고했지만 사실 재무상태표의 막대한 차입금에 따른 효과였다. 자기자본이익률은 1967년 32.3%,[5] 1968년 24.8%였다.[6] 분모의 총자기자본에 부채를 더해서 계산한 무차입 가정 자기자본이익률은 1967년 12.8%, 1968년 11.0%로 줄어든다. 다이버시파이드는 같은 기간 순이익을 전부 유보했지만, 버크셔의 트랙레코드를 고려할 때 그리 놀라운 결정은 아니다. 게다가 공모채 발행 조건에 이익 배당 제한 조항이 포함되어 있기도 했다.

다이버시파이드의 재무제표는 많은 사람의 손을 타지 않아서 겉보기에도 아름답다. 재무상태표의 '보통주 자본금' 항목은 버핏과 멍거, 고츠먼이 출자한 자기자본 600만 달러에 해당한다. 다이버시파이드는 세 사람이 설립하고 지배했던 회사다. 반면 버크셔와 블루칩은 버핏과 멍거가 태어나기 훨씬 전부터 존재했던 회사다.

> "저는 버크셔를 인수한 직후 나중에 버크셔와 합병하는 다이버시파이드 리테일링을 통해 볼티모어 소재 백화점인 호크실드콘도 인수했습니다. 장부가치 대비 대폭 할인된 가격에 인수했고, 임직원은 아주 유능했으며, 부외 부동산 및 후입선출법(LIFO)에 따른 재고자산 평가손실 완충효과도 누릴 수 있었습니다. 이런 기회를 놓칠 수야 있었겠습니까?
>
> 하지만 3년 뒤 저는 행운이 따라주어서 대략 인수했던 가격에 겨우 되팔 수 있었습니다. 호크실드콘과의 '기업 결혼'에 마침표를 찍은 뒤 저는 마치 어느 컨트리송 가사 속 남편이 된 것만 같았습니다. '아내가 내 절친과 바람이 나서 달아났지만, 내가 그리워하는 사람은 친구라네.'"
>
> — 워런 버핏, 버크셔 해서웨이 1989년 주주 서한

다이버시파이드는 두 유통 자회사를 연결해서 1967년과 1968년 실적을 보고했는데, 호크실드콘은 전사 실적을 깎아내렸던 것으로 보인다. 다이버시파이드의 무차입 가정 자기자본이

익률은 1967년 12.8%, 1968년 11.0%였다. 1968년 어소시에
이티드 리테일의 사용자본이익률은 20%에 달했고[7] 이후 10년
간 비슷한 수준을 여러 번 기록했다.[8] 그래서 다른 곳에 재투자
할 자금 원천이 될 상당한 현금흐름을 창출했다.

1970년대까지 성장률은 그리 높지 않았지만, 창출한 현금
을 세금 부담 없이 모회사에 배당으로 지급해 버핏이 재투자할
수 있었다. 1968년 매출은 3,750만 달러였고[9] 10년간 연평균
0.8% 증가해 1978년 4,080만 달러를 기록했다.[10]

> "어소시에이티드 리테일 스토어의 순자산은 약 750만 달러
> 입니다. 재무 상태가 견고하고 영업이익률이 높으며 최근 매
> 출과 순이익이 계속해서 증가하는 흐름을 보이는 훌륭한 기
> 업입니다."
>
> — 워런 버핏, 버핏파트너십 1969년 투자자 서한

어소시에이티드 리테일	1977년	1978년	1979년	1980년
매출	41,686,000	40,762,000	42,709,000	44,374,000
순이익	1,429,000	1,176,000	1,280,000	1,169,000
순이익률(%)	3.4	2.9	3.0	2.6

1969년 다이버시파이드는 호크실드콘을 1,100만 달러에 매각하기로 했다.[11] 3년간 소유한 회사를 대략 손익분기점에 해당하는 가격으로 넘겼다. 다이버시파이드는 매각 대금으로 부채를 일부 상환하고 유가증권에 투자했다. 이때 유가증권 포트폴리오에 버크셔와 블루칩 주식을 편입하면서 세 회사는 서로 더욱 밀접하게 연결되었다.

다이버시파이드는 컬럼비아 인슈어런스(Columbia Insurance)라는 이름의 보험사도 설립했다. 컬럼비아 인슈어런스는 루이지애나주에서 임산물(林産物, forest product)산업을 대상으로 종업원 상해보험업을 영위하던 서던 캐주얼티를 1974년 인수했다. 호크실드콘을 매각하고 다른 사업으로 이동했던 것은 훌륭한 결정으로 보인다. 볼티모어의 백화점은 1984년 폐업의 결말을 맞았다.

블루칩스탬프

> "경품권은 역사상 가장 성공적인 프로모션 도구다. (중략) 경
> 품권은 유통사가 충성심 강한 고객에게 보상을 제공하는 가
> 시적인 방법일 뿐 아니라 고객이 경품권을 모을수록 더 많은
> 할인을 받는 '절약' 방법이기도 하다."
> — 블루칩스탬프, 1969년 연차보고서

캘리포니아주 로스앤젤레스의 블루칩스탬프는 일종의 고객 보
상사업을 운영했다. 블루칩이 유통사에 경품권을 판매하면 유통
사는 고객에게 경품권을 발행한다. 고객은 나중에 해당 유통사
매장에서 경품권을 다른 상품으로 교환할 수 있다. 블루칩은 고
객이 경품권을 교환할 때마다 해당 상품 비용을 부담한다.

이렇게 먼저 돈을 받고 나중에 비용이 발생하는 시차 덕분에
보험사와 유사한 플로트가 만들어진다. 블루칩이 창출한 플로
트는 재무상태표상 '미교환 경품권 부채(liability for unredeemed
trading stamps)' 항목으로 보고했다.

> "1969 회계연도에 2만 개의 유통사가 발행한 경품권은 총
> 662억 9,700만 장에 달했다. 700만 명의 소비자가 그중
> 578억 7,700만 장의 경품권을 1,576만 개의 상품으로 교환
> 했다."
> — 블루칩스탬프, 1969년 연차보고서

블루칩은 막대한 규모의 플로트를 창출했다. 예컨대 1967년

총자산은 자기자본 2,310만 달러의 4배에 달했다.[12] 같은 해 미교환 경품권 부채는 총자산의 70% 이상을 차지했다.[13] 블루칩은 영업활동에 유형 자기자본이 거의 필요하지 않았고, 플로트를 활용해 전통적인 형태의 부채를 조달하지 않고도 레버리지를 누릴 수 있었다.

1967년 블루칩의 자산은 대부분 유가증권으로 구성되었고, 유가증권 포트폴리오는 대부분 지방채로 구성되었다.[14] 버핏과 멍거가 지배권을 확보한 후 포트폴리오에서 주식 비중이 빠르게 상승했다. 1968년 총자산 대비 보통주 및 우선주 비율은 직전 연도 14.4%에서 22.8%로 상승했다.[15]

버핏(버핏파트너십)과 멍거[휠러, 멍거 앤드 컴퍼니(Wheeler, Munger & Co.)]는 1965년 블루칩에 처음 투자했다.[16] 1960년대 후반 멍거는 이사회 일원이 되었고 버핏도 1970년대 초에 합류했다.[17] 1976년 멍거는 블루칩의 회장직에 올랐다.[18]

자산총계 대비 비율(%)	1967년	1968년
현금	3.0	2.0
단기 투자자산	13.4	17.8
지방채	45.5	35.2
보통주 및 우선주	14.4	22.8
현금 및 유가증권	76.3	77.8
자산총계	100.0	100.0

투자 대상으로서 블루칩의 매력은 전적으로 수익성 있는 플
로트 창출력에서 비롯했다. 플로트 덕분에 막대한 레버리지를
누리는 블루칩은 매출총이익률이나 순이익률이 낮아도 높은 자
기자본이익률을 낼 수 있었다. 매출총이익률은 1967년 8.7%,
1968년 12.7%였고 순이익률은 1967년 3.7%, 1968년 1.8%
였다.

1968년 수치에는 특별항목인 소송 합의금 370만 달러가
포함되어 있는데, 이를 제외하더라도 순이익률은 겨우 5.2%에
그쳤을 것이다. 소송비용을 제외한 자기자본이익률은 1967년
14.8%, 1968년 20.1%에 달했다. 플로트를 활용한 레버리지로
인해 블루칩의 총자산이익률은 1967년 4.6%, 1968년 1.6%에
불과했다.[19]

	1967년	1968년
매출총이익률(%)	8.7	12.7
순이익률(%)	3.7	1.8
소송비용 제외한 순이익률(%)	3.7	5.2
자기자본이익률(%)	14.8	7.1
소송비용 제외한 자기자본이익률(%)	14.8	20.1

플로트 투자수익은 블루칩의 실적에서 중요한 부분을 차지했다. 1967년 투자수익은 세전 영업이익의 48.8%를 차지했다. 1968년 경품권 매출이 18.2% 증가하면서 영업이익도 대폭 증가해 이 비율은 28.8%로 하락했다.[20] 하지만 1967년과 1968년 수치는 모두 큰 의미가 있다.

투자 대상으로서 블루칩의 성공은 투자 포트폴리오를 운용하는 사람이 누구인지에 따라 결정될 가능성이 컸다. 버핏과 멍거가 블루칩의 지배권을 확보한 뒤 더 이상 그러한 걱정을 할 필요가 없었다. 뛰어난 운용자 두 사람이 등장하면서 보통주 투자를 공격적으로 확대하는 상황이었으니 블루칩은 장차 성공할 가능성이 커 보였다.

1970년대 버핏의 지배 아래 확장을 추진한 기업은 버크셔에 국한되지 않는다. 블루칩 역시 복합기업을 향한 여정을 밟고 있었고, 버크셔와 마찬가지로 기존에 영위하던 사업이 아닌 다른 영역으로 확장했다. 경품권 매출은 1970년부터 1972년까지 25% 감소했는데도 경품권에서 발생하는 플로트 덕분에 투자할 자금이 충분했다. 미교환 경품권 부채는 1970년 8,740만 달러에서 1972년 9,340만 달러로 6.8% 증가했다.[21]

게다가 부채도 조달했다. 블루칩은 1968년 12월에 10년 뒤 만기가 도래하는 2,070만 달러 한도의 회사채 발행을 승인받았고 이자비용은 6.5%였다. 당시 블루칩이 실제 발행한 회사채는 1,080만 달러였으므로[22] 가용 유동성은 충분했다.

1972년 초 버핏과 멍거는 초과유동성을 활용해 블루칩의 첫 번째 완전 소유 자회사인 씨즈캔디(See's Candies)를 인수했다. 이어 1977년 4월 버펄로 이브닝 뉴스(Buffalo Evening News)를 인수했다. 같은 기간 공개시장에서 핑커턴스(Pinkerton's)와 웨스코 파이낸셜(Wesco Financial), 디트로이트 인터내셔널 브리지 컴퍼니(Detroit International Bridge Company)의 지배지분도 취득했다. 1970년대 후반 블루칩은 아주 훌륭한 기업들을 소유한 다각화된 지주회사로 변모했다.

씨즈캔디

1921년 찰스 시(Charles See)와 그의 어머니 메리 시(Mary See)가 로스앤젤레스에 사탕 가게를 열면서 씨즈캔디의 역사가 시작되었다. 이후 씨즈캔디는 특히 서부 해안에서 확장을 거듭했고, 1971년 말 매장은 하와이에서 텍사스까지 152개에 달했다.[23] 수십 년의 역사를 지닌 씨즈캔디는 높은 품질의 제품으로 널리 알려진 브랜드를 구축했다.

1972년 1월 블루칩은 씨즈캔디의 지분 67%를 취득했고 이후 지분을 늘려 1973년 3월 지분율이 99%에 달했다.[24] 블루칩의 평균 매수가인 주당 35달러에 바탕을 두면 씨즈캔디 평가액은 3,500만 달러였다. 당시 씨즈캔디는 재무상태표상 이자부 부채가 없었을뿐더러 현금 990만 달러도 보유했다.[25] 즉 블루칩은 씨즈캔디를 인수해 얻은 현금 990만 달러를 제외하면 순인수가로 2,510만 달러를 지불했다.

인수 당시 씨즈캔디는 꾸준히 이익을 내는 기업으로 여겨졌다. 인수 전 매출은 1958년 1,370만 달러에서 1971년 2,820만 달러로 13년 연속 증가했고 연평균 매출 증가율은 5.7%에 달했다. 같은 기간 매출총이익률은 44.6%에서 54.4%로 상승했고 순이익률 역시 3.8%에서 8.0%로 상승했다. 인수 전 20년간 매년 흑자를 기록했고 순이익은 1951년 40만 달러에서 1971년 230만 달러로 연평균 8.9% 증가했다.[26] 어느 모로 보나 씨즈캔디는 올바른 방향으로 나아가는 것처럼 보였다.

	1958년	1962년	1966년	1971년
매출	13,740,767	17,794,514	22,660,781	28,210,103
매출총이익률(%)	44.6	51.1	53.2	54.4
순이익	522,706	1,176,316	1,644,957	2,262,071
순이익률(%)	3.8	6.6	7.3	8.0

　　재무상태표를 보면 씨즈캔디가 영업활동에 그리 많은 자본
이 필요하지 않았다는 점이 분명하다.[27] 1960년대 내내 재무상
태표에서 규모가 가장 큰 항목은 총자산의 절반 이상을 차지한
현금이었고 유형자산과 재고자산이 뒤를 이었다. 씨즈캔디가 소
유한 캘리포니아주 소재 공장 몇 개가 유형자산 장부가액의 대
부분을 이뤘다. 임차 매장이 대다수였기에 매장을 직접 소유하
는 데 묶인 자산 규모가 작았다. 고객은 매장에서 구매하며 현금
을 지불했기에 매출채권도 사실상 제로(0)였다.

　　이렇게 자본 집약도가 낮은 사업 특성 덕분에, 블루칩이 인
수하기 전 10년간 두 자릿수 총자산이익률을 기록했다. 영업활
동에 묶인 초과현금을 제외한다면 총자산이익률은 더 높았을 것
이다.

　　자기자본이익률 역시 인수 전 10년간 12.9~17.3% 범위를
보이며 꾸준히 좋은 실적을 냈던 듯하다. 하지만 보고 수치는 특
히 블루칩에 인수된 후 씨즈캔디가 창출한 주주이익을 축소해서
보여준다. 꾸준한 이익을 내고 자본 집약도가 낮은 씨즈캔디는
재무상태표상 그렇게 많은 현금을 보유할 필요가 없었다.

　　특히 다각화된 모회사의 자회사가 된 후로는 초과현금을 재

투자하거나 주주에게 환원할 수 있었다. 현금을 제외한다면 블루칩이 인수하기 전 10년간 자기자본이익률은 35.8~75.5%의 범위를 보였을 것이다. 씨즈캔디는 이자부 부채가 전혀 없었는데도 그렇게 높은 수준의 자기자본이익률을 낼 수 있었다.

씨즈캔디의 사용자본이익률이 아주 높았던 만큼 블루칩은 인수 프리미엄을 지불할 수밖에 없었다. 1971년 말 씨즈캔디의 자기자본은 1,530만 달러였다. 블루칩이 인수가로 지불한 3,500만 달러는 씨즈캔디 자기자본의 2.3배에 달했다. 하지만 자기자본 중 990만 달러는 현금이었다. 블루칩이 인수 후 현금을 회수할 수 있다고 가정하면 씨즈캔디의 현금 제외 자기자본은 540만 달러였다. 또한 블루칩의 현금 제외 인수가도 2,510만 달러로 감소해서 씨즈캔디의 현금 제외 자기자본의 4.6배에 달하는 수준이었다.

씨즈캔디의 기초사업 실적은 현금을 제외한 순자기자본(540만 달러) 대비 순이익에 바탕을 두고 판단해야 하고, 블루칩 경영진의 인수 결정은 현금을 제외한 순인수가(2,510만 달러) 대비 순이익에 바탕을 두고 판단해야 한다. 인수 시 지불한 프리미엄(영업권) 대비 준수한 이익률을 달성할지는 블루칩 경영진에게 달려 있었다.

1971년 씨즈캔디의 순이익 230만 달러에 바탕을 두면 블루칩의 순인수가 기준 최초 이익수익률(initial earnings yield)*은 9%였다. 같은 해 10년 만기 국채 수익률 6%보다 높았다.[28] 직

---

* 최초 이익수익률은 주가를 인수가나 투자액으로 대체해 인수나 투자 시점의 직전 회계연도 순이익과 비교하는 자본환원율(capitalization rate) 또는 기대수익률과 유사한 개념이다.

전 10년간 씨즈캔디 주가는 연평균 13.3% 상승했다.[29] 한결같은 영업 실적 덕분에 순인수가 2,510만 달러는 향후 사업이 거의 성장하지 않더라도 적정한 수준의 가격으로 보였다.

씨즈캔디 인수 자금을 충당하기 위해 블루칩은 부채를 추가 조달했다. 1978년 만기 미상환 회사채가 이미 1,080만 달러에 달했던 상황에서 이번에는 은행 차입금[지급어음(notes payable)] 3,270만 달러를 조달했다. 그 결과 1971년 말 블루칩의 이자부 부채는 자기자본 4,640만 달러와 비슷한 4,360만 달러로 증가했다.[30]

블루칩의 경품권 매출은 감소하는 중이었고 씨즈캔디 인수에 2,510만 달러를 지출했는데도 재무상태표상 현금 및 투자자산은 2,500만 달러 증가했다. 이는 일차적으로 1971 회계연도에 부채가 증가했던 것으로 설명할 수 있다. 블루칩은 씨즈캔디 순인수가보다 760만 달러 더 많은 부채를 조달했다. 운전자본이 감소했던 이유도 있다. 매출채권과 재고자산은 감소했지만 매입채무는 증가했고 미교환 경품권 부채 역시 증가했다.

블루칩의 가용 투자금 증가액 2,500만 달러 중 1,820만 달러가 1971년 추가 부채 조달과 운전자본 감소에서 비롯했다. 나머지는 순이익 중 블루칩 주주에게 환원한 배당을 제외한 현금이익에 의한 증가였다. 1971년 블루칩의 순이익은 420만 달러였고 그중 120만 달러를 배당으로 지급했다.[31]

전년 대비 증감	1972년
매출채권	(2,846,000)
재고자산	(3,010,000)
선급법인세 및 기타 비용	608,000
유동자산*	(5,248,000)
매입채무	2,284,000
미지급 법인세	1,237,000
미교환 경품권 부채	1,816,000
유동부채**	5,337,000
운전자본 증감	(10,585,000)

* 현금 및 투자자산 제외
** 이자부 부채 제외

	1972년
부채 증가	32,711,000
– 순인수가	25,100,000
+ 운전자본 감소	10,585,000
+ 1972년 순이익	4,214,000
– 배당 지급	1,208,000
총창출자본	21,202,000

블루칩의 인수가가 합당한 공정가치라는 결론을 내리는 데 씨즈캔디의 폭발적인 성장이 필수 조건은 아니었다. 하지만 씨즈캔디는 인수 후 잡초처럼 빠르게 성장해서 블루칩에 홈런을 안겨줬다. 매출은 1971년 2,820만 달러[32]에서 이후 10년간 연평균 14.7% 증가했고 매년 두 자릿수 성장을 기록했다. 세후 영업이익은 1972년 210만 달러에서 1982년 1,190만 달러로 연평균 19% 증가했다.[33]

씨즈캔디가 달성한 매출 증가는 대부분 판매가 인상에서 비롯했다. 사탕 판매액을 판매량(파운드 기준)으로 나눈 단위 실현가(per pound realization)는 1972년부터 1984년까지 연평균 9.5% 상승했다. 같은 기간 사탕 판매량은 연평균 3.2%, 매장 수는 연평균 2.1% 증가하는 데 그쳤다. 씨즈캔디의 단위 실현가는 1972년 1.85달러에서 1984년 5.49달러로 꾸준히 상승했다.[34]

	1972년	1984년	연평균 증감률(%)
판매액	31,337,000	135,946,000	13.0
판매량(파운드)	16,954,000	24,759,000	3.2
매장 수	167	214	2.1
단위 실현가	1.85	5.49	9.5

　두 자릿수 성장 자체도 훌륭하지만, 그것이 판매가 인상에서 비롯했다면 금상첨화다. 판매 부서가 사탕 판매량을 늘리면 경영진은 만족할 것이다. 하지만 판매량을 늘리려면 재고자산에 더 많이 투자해야 한다. 나아가 늘어난 생산량을 감당하기 위해 더 많은 직원이 필요해서 생산비가 증가할 수도 있다. 수요가 있다면 신규 매장을 여는 것도 좋은 방법이지만, 이 역시 유형자산 투자가 필요할뿐더러 매장을 운영할 직원도 추가 고용해야 한다.

　판매량이나 매장 수가 견인한 단위 판매액 증가는 운전자산과 유형자산에 더 많은 자금이 묶이고 비용 원천이 추가되는 결과를 낳는다. 반면 판매가 인상은 운전자본이나 유형자산 투자로 곧장 이어지지는 않는다. 예컨대 피넛브리틀(Peanut Brittle) 제품 가격이 1달러 비싸진 것뿐이니 직원을 추가 고용할 필요가 없다. 가격 인상에 따른 한계순이익은 그저 회계이익 차원이 아니라 실제 주주 현금흐름으로 이어질 가능성이 크다.

　"순이익 증가를 올바로 해석하려면 그에 필요한 추가 자본 투자액과 비교해야 합니다. 그러한 점에서 씨즈캔디는 믿기 어려울 정도로 우수했습니다. 현재 겨우 2,500만 달러의 순자산으로도 영업활동에 아무런 문제가 없습니다. 버크셔가 처음 투자했던 시점의 자기자본 700만 달러와 비교해 그동안 순이익 중 겨우 1,800만 달러만 재투자하면 충분했다는 뜻입니다.

　현재까지 20년 동안 씨즈캔디는 재투자를 제외한 나머지 누적 세전 이익 4억 1,000만 달러를 블루칩과 버크셔에 배당으로 지급했고, 두 회사는 (법인세만 납부한 후) 이를 가장 합리적인 방식으로 재배치했습니다."

— 워런 버핏, 버크셔 해서웨이 1991년 주주 서한

일반적인 기업에서는 가격 인상이 수요 하락으로 이어진다. 더 효율적인 경쟁사가 끼어들어 시장점유율을 빼앗고 소비자는 가격이 저렴한 대체재로 갈아탈 것이다. 씨즈캔디의 상황은 달랐다. 가격을 꾸준히 인상하면서도 매장의 판매량을 늘릴 수 있었다. 이를 두고 씨즈캔디의 브랜드가 제 역할을 다했다고도 해석할 수 있다.

씨즈캔디는 수십 년간 높은 품질로 명성을 쌓았다. 제2차 세계대전 당시 사탕 생산에 필요한 설탕과 기타 원재료는 전시 배급 대상 품목이었다.* 씨즈캔디는 대체 원재료를 사용하는 대신 사탕 생산량을 줄이기로 했다. 우수한 원재료가 다 떨어지면 매장 영업을 정시보다 일찍 종료했다.[35] 게다가 제품 유통기한이 짧아지는데도 사탕에 방부제를 사용하지 않는다.[36]

씨즈캔디의 판매는 대부분 연말연시에 일어난다. 선물용으로 씨즈캔디 제품을 구매하는 고객은 더 높은 가격이 더 뛰어난 품질을 보장한다고 느낄 수도 있다. 덕분에 씨즈캔디는 높은 품질로 잘 알려진 브랜드를 구축했다.

---

* 미국 전시 배급 제도의 첫 번째 품목이 설탕이었다. 공업과 군대의 설탕 소요를 모두 충족한 후 나머지만 민간 기업에 배급되었다.

버펄로 이브닝 뉴스

1977년 4월 블루칩은 버펄로 이브닝 뉴스(이하 이브닝 뉴스)를 3,550만 달러에 인수했다.[37] 〈버펄로 이브닝 뉴스〉는 버펄로에서 발행부수가 경쟁사의 2배에 달하는[38] 선두 일간지였다. 하지만 인수 당시 일요판 신문은 발행하지 않았다. 이브닝 뉴스의 역사 초기에는 신문업계에서 일간지가 지배적이었지만, 시간이 흘러 특히 광고 측면에서 일요판 신문이 더 중요해졌다.

에드워드 버틀러 시니어(Edward Butler, Sr.)는 1873년 12월 〈버펄로 선데이 뉴스〉를 창간했다.[39] 사업 첫해 발행부수는 1만 850부였다.[40] 당시 여러 종교 단체가 반대해서 버펄로에는 다른 일요판 신문이 없었다.

하지만 시간이 흘러 일요판 신문을 두고 경쟁이 치열해졌다. 1875년 〈선데이 쿠리어(Sunday Courier)〉에 이어 1883년 〈선데이 익스프레스(Sunday Express)〉도 사업을 시작했다. 두 신문사는 나중에 합병해 쿠리어 익스프레스가 되었다. 1880년 버틀러는 일간판인 〈버펄로 이브닝 뉴스〉를 시작했고, 일간지의 수익성이 더 좋았기에 1915년 일요판 신문사업을 중단했다.

버핏은 도시마다 단 하나의 신문사가 지배한다는 사실을 간파했다. 1920년부터 1977년까지 주요 신문사가 두 곳인 미국 도시는 700개에서 50개 미만으로 감소했다.[41] 지역 기업은 발행부수가 더 많은 신문에 광고비를 많이 지출하는 경향이 있다. 독자는 더 많은 광고를 실은 신문에서 유용한 정보를 접할 가능성이 컸다. 항목별 소광고(classified ad: 구인이나 구직, 매매 등을 알리는 신문 광고란―옮긴이)뿐 아니라 지역 유통사의 할인 행사 소식을 더 많이 볼 수 있기 때문이다.

나아가 재원이 풍부한 신문사는 취재 예산을 더 많이 할당해서 수준 높은 기사를 보도할 수 있다. 신문산업의 경제성은 승자독식 양상으로 변화했다.

1977년 블루칩은 이브닝 뉴스에 3,550만 달러를 투자했는데, 순자산 취득원가는 보고 공정가치보다 110만 달러 높았다(차액 110만 달러는 영업권—옮긴이).[42] 블루칩은 은행 차입금 3,000만 달러를 활용해 인수 자금을 조달했다. 이후 만기가 도래하기 전 조기상환한 덕분에 은행 차입금 잔액은 1979년 1,350만 달러로 감소했다.[43] 1976년 이브닝 뉴스의 세전 이익은 170만 달러[44]였고 법정세율 48%를 적용한 세후 순이익은 86만 3,008달러였다. 즉 블루칩의 인수가를 기준으로 할 때 세후 이익수익률은 2.4%였다. 언뜻 비싼 가격을 지불하고 기업을 인수한 것처럼 보인다. 하지만 이브닝 뉴스의 수익성은 인수가가 아주 저렴했다고 결론 내릴 만한 수준으로 상승할 잠재력이 있었다.

블루칩은 100년간 비상장기업이었던 이브닝 뉴스에 뛰어들어 일부 영업비용을 줄이는 데 성공했다. 예컨대 이브닝 뉴스는 원재료라고 할 만한 인쇄용지에 필요 이상으로 높은 비용을 지출하고 있었다. 대다수 인쇄공장은 대량 주문 할인을 제공했다. 하지만 이브닝 뉴스는 공장 파업으로 인한 피해를 줄이기 위해 여러 공장에서 인쇄용지를 구매했다.[45]

블루칩은 이브닝 뉴스를 인수한 후 대량 주문 할인 혜택을 누리기 위해 구매처 수를 줄였다. 또한 공장 파업 시 인쇄용지가 부족해질 가능성을 대비해 창고 저장 용량을 확대했다. 버핏은 공장과 재협상 후 인쇄용지 구매액을 120만 달러가량 절감할 것으로 예상했다.[46] 성공한다면 1976년 세전 이익은 290만 달러, 세후 순이익은 대략 150만 달러였을 것이다. 이러한 시나리오에서 블루칩의 인수가 기준 이익수익률은 4.2%로 상승한다. 블루칩은 결국 인쇄용지 구매비 절감에 성공했다.

이브닝 뉴스는 일간지 부문에서 최대 경쟁자인 쿠리어 익스프레스를 압도했다. 블루칩이 인수한 시점에 이브닝 뉴스의 일간지 발행부수는 26만 8,000부였다. 쿠리어 익스프레스의 일간지 발행부수는 12만 3,000부에 불과했지만, 경쟁이 적었던 일요판 신문의 발행부수는 27만 부에 달했다.[47] 이브닝 뉴스가 일요판에서 어느 정도 점유율을 확보한다면 버펄로의 지배적인 신문사로서 정상 이익보다 높은 수익성을 내리라고 기대할 만했다.

블루칩이 인수한 후 이브닝 뉴스는 드디어 일요판 신문을 다시 발행했다. 하지만 그 결정으로 이후 수년간 곤경을 겪었다. 1978년 이브닝 뉴스는 쿠리어 익스프레스보다 일요판 발행부수가 10만 부 적었고[48] 법적 분쟁까지 발생했다. 이브닝 뉴스가 일요판 신문을 발행한 직후 쿠리어 익스프레스가 소송을 제기했다. 블루칩이 버펄로에서 독점 신문사를 구축하려고 한다는 것이 요점이었다. 법원은 이 주장을 받아들였고, 얼마간 이브닝 뉴스에 대한 제한 조처가 시행되었다.

이 모든 문제로 인해 1978년 이브닝 뉴스는 세전 영업손실 290만 달러를 기록했다.[49] 하지만 법원은 결국 반독점법의 목적이 기업 간 경쟁을 촉진하는 것이라며 이브닝 뉴스의 일요판 신문 발행을 허가했다. 시간이 흘러 이브닝 뉴스는 발행부수 기준으로 일요판에서도 선두를 차지했다. 1982년 쿠리어 익스프레스가 폐업하면서 이브닝 뉴스의 순이익이 급증했다.

"이브닝 뉴스가 일요판 신문을 발행하기 전인 6년 전 이야기
입니다. 당시 버펄로의 유일한 일요판 신문을 발행했던 유구
한 전통의 쿠리어 익스프레스는 발행부수가 27만 2,000부였
습니다. 현재 이브닝 뉴스의 일요판 발행부수는 그보다 35%
많은 36만 7,000부입니다. 지난 6년간 주요 발행 지역의 가
구 수가 거의 변화하지 않았는데도 이뤄낸 성과입니다."

— 워런 버핏, 버크셔 해서웨이 1982년 주주 서한

이브닝 뉴스 본사가 있는 에리카운티의 인구는 1980년 101만
5,000명이었다.[50] 1982년 이브닝 뉴스의 발행부수는 36만
7,000부[51]에 달했으니 에리카운티 전체 인구의 36.2%가 신문을
구독한 셈이다. 한 가정에서 신문 한 부를 여러 사람이 돌려 보는
점을 고려할 때 실제로는 버펄로 주민 대부분이 독자였을 것이
다. 지역 기업은 이브닝 뉴스에 싣는 광고의 가치가 더욱 커졌다
고 생각했고, 그 가치는 결국 재무제표에도 반영되었다.

1985년 매출은 1억 790만 달러, 순이익은 1,400만 달러였
다.[52] 그 과정에서 적자를 기록한 때도 있었지만, 1985년 순이익
만 해도 블루칩 인수가의 39.4%에 달했다. 버펄로에서 지배적
인 입지를 구축한 이브닝 뉴스는 향후 오랫동안 높은 수익성을
달성할 것이 확실해 보였다.

이브닝 뉴스	1978년	1980년	1983년	1985년
매출	44,791,000	49,977,000	90,161,000	107,864,000
연평균 증감률(%)*		5.6	34.3	9.4
순이익(손실)	(738,000)	(816,000)	8,518,000	13,980,000
연평균 증감률(%)**				28.1

* 각 2년 전 기준 연평균 증감률(단, 1983년은 3년 전인 1980년 기준) — 옮긴이
** 기준 연도: 1983년 — 옮긴이

핑커턴스

1977년 블루칩은 핑커턴스에 투자했다.[53] 1850년 철도회사를 주요 고객으로 둔 사립 탐정 사무소로 시작한 회사였다.[54] 핑커턴스는 19세기 후반까지 산업재회사를 대상으로 노동조합의 파업에 대응하는 경호 서비스도 제공했다. 일부 노동조합과의 대치 상황에서 폭력 사태가 발생하며 다소 논란의 여지가 있는 평판을 쌓았다. 1970년대 중반에는 기업과 병원, 학교, 행사 대상 경호와 탐정 서비스로 확대했다. 기업 역사를 통틀어 여러 논란이 있었지만, 오랫동안 많은 소설과 영화, TV 프로그램에서 탐정 사무소에 관한 이야기가 반복되면서 독보적인 입지를 점했다.

블루칩이 투자하기 전 10년 동안 핑커턴스의 매출과 순이익은 매년 증가했다. 1966년 매출은 7,140만 달러, 순이익은 190만 달러였다.[55] 1976년 매출은 2억 1,540만 달러, 순이익은 800만 달러로 증가했다.[56] 이 기간 매출은 연평균 11.7%, 순이익은 연평균 15.3% 증가했다. 핑커턴스는 꾸준히 성장하고 이익을 내는 기업처럼 보였다.

	1966년	1976년
매출	71,372,941	215,420,000
연평균 증감률(%)		11.7
순이익	1,936,272	8,041,000
연평균 증감률(%)		15.3

일반적인 서비스 기업처럼 핑커턴스의 영업활동에는 자본이 거의 필요하지 않았다. 이는 총자산이익률에 반영되어 같은 기간 14.0~17.4%의 범위를 보이며 매년 두 자릿수 수치를 기록했다. 자기자본이익률은 이자부 부채를 전혀 사용하지 않고도 18.2~26.0%의 범위를 보였다. 핑커턴스의 부채는 대부분 매입 채무였다. 상당한 규모의 보유 현금을 제외한다면 같은 기간 자기자본이익률은 훨씬 높은 36.8~47.4% 범위였을 것이다.

1972년 핑커턴스 주식은 주당 91.50달러[57]에 거래되었고 시가총액은 2억 5,390만 달러였다.[58] 1973년 주가가 갑자기 16달러로 폭락하면서[59] 시가총액은 4,440만 달러로 82.5% 하락했다. 주가가 폭락했지만 사업에는 아무런 영향이 없었다. 1973년 매출은 8.1%, 순이익은 13.8% 증가했으며 배당도 4% 증가했다.

1970년대 초 핑커턴스에 관한 시장의 평가가 얼마나 빠른 속도로 변화했는지를 보면 아주 흥미롭다. 1972년 핑커턴스에 투자한 사람은 직전 연도 순이익이 550만 달러였고 시장에서 2억 5,390만 달러로 평가받는 기업의 지분을 소유했다. 투자자의 최초 이익수익률은 2.1%에 불과했다. 같은 해 10년 만기 국채 수익률이 6.4%였으므로 시장은 핑커턴스의 순이익이 먼 미래에 증가하리라고 예상했다.[60]

다음 해 시가총액이 4,440만 달러로 하락하면서 투자자의 이익수익률은 12.3%로 상승했다. 1973년 10년 만기 국채 수익률은 소폭 상승한 6.7%였다. 핑커턴스의 순이익은 계속해서 증가했지만, 1973년 주가는 미래에 관한 낮은 기대치를 반영했다. 시장의 평가는 갑자기 비관적으로 변했다.

	1972년	1973년	1974년
주가 연중 고점	91.50	69.75	26.50
주가 연중 저점	49.50	16.00	16.25
시가총액 연중 고점	253,912,500	193,556,250	73,537,500
시가총액 연중 저점	137,362,500	44,400,000	45,093,750

    1978년 연차보고서를 보면 블루칩의 핑커턴스 투자액이 2,340만 달러였음을 알 수 있다. 1,920만 달러는 A주에, 나머지는 B주에 투자했다. 블루칩의 평균 매수가는 주당 32.69달러였는데, 이에 바탕을 두고 추정한 핑커턴스의 평가액은 9,070만 달러였다.[61] 핑커턴스는 1978년 블루칩 주식 포트폴리오의 37.4%를 차지했다(취득원가 기준). 주식 포트폴리오 6,240만 달러 중에서 핑커턴스 투자에 2,340만 달러를 할당했다.[62] 투자 대상이 충분히 매력적일 때 큰 규모로 베팅하는 버핏과 멍거의 생각이 잘 드러난다.

    핑커턴스는 재무상태표상 현금 2,330만 달러를 보유했으므로 현금을 제외한 기업 평가액은 6,740만 달러로 줄어든다. 1977년 순이익 800만 달러 중에서 400만 달러를 배당으로 지급했다.[63] 따라서 투자자의 이익수익률은 11.9%였고 배당수익률은 5.9%였다. 같은 해 10년 만기 국채 수익률은 7.4%였다.

    블루칩의 지분율은 25% 이상이었지만 핑커턴스를 지분법 적용 투자주식으로 회계 처리하지 않았다. 블루칩이 보유한 일부 종류주식에는 의결권이 없었기에 중대한 영향력이나 지배력을 행사한다고 보기 어려웠다. 이에 따라 핑커턴스가 지급한 배당만 블루칩의 손익계산서상 수익으로 인식했다. 핑커턴스가 창출한 나머지 이익은 경제적으로는 유의미했지만 블루칩의 재무제표에 반영되지는 않았다.

1982년 12월 아메리칸브랜즈(American Brands)라는 회사가 주당 77.50달러에 핑커턴스를 인수할 의향을 밝혔다.[64] 인수 제안가는 블루칩의 매수가보다 137.1% 높았으니 연평균 투자수익률이 15%에 달했다.[65]

버크셔는 아마도 아메리칸브랜즈가 제안하기 전에 핑커턴스를 인수할 기회가 있었던 것으로 보인다. 하지만 공항과 기타 지역에 제공하는 경호 서비스와 관련한 잠재적 법적 책임을 이유로 인수하지 않았다. 버크셔는 막대한 규모의 금융자산을 보유한 거대기업으로 변모하는 중이었고, 핑커턴스의 경호 서비스에서 문제가 발생한다면 법적 소송에 휘말릴 가능성이 커질 터였다.

비록 그런 일은 일어나지 않았지만, 블루칩이 핑커턴스 지분 전량을 취득했다면 막대한 보유 현금을 버핏과 멍거에게 보냈을 것이다. 블루칩은 핑커턴스 평가액이 9,070만 달러일 때 2,340만 달러를 투자했다. 투자 시점 지분율은 25%가 넘었고 시간이 흘러 1982년 37%로 상승했다. 1976년 핑커턴스의 재무상태표상 현금은 2,330만 달러였다. 자본 집약도가 낮은 사업 특성을 고려할 때 블루칩은 핑커턴스의 영업활동에 필수적이지 않은 현금 2,000만 달러를 즉시 회수할 수도 있었을 것이다.

1978년부터 1981년까지 핑커턴스의 누적 순이익은 5,380만 달러에 달했다.[66] 블루칩은 투자한 지 겨우 4년 만에 인수가의 81.3%를 현금으로 회수할 수도 있었다.

특히 핑커턴스가 이자부 부채를 전혀 사용하지 않고도 이룰 수 있었던 성과라는 점에서 더욱 특별하다. 버핏과 멍거는 핑커턴스의 현금으로 더 많은 기업에 투자해 훨씬 다양한 원천에서 현금흐름을 창출할 수도 있었다.

1977년 초과현금	20,000,000
1978~1981년 누적 순이익	53,786,000
총현금	73,786,000
1977년 핑커턴스 평가액	90,714,750
회수율(%)	81.3

웨스코파이낸셜

웨스코파이낸셜은 캘리포니아주의 뮤추얼 세이빙스 앤드 론 오브 패서디나(Mutual Savings and Loan of Pasadena)를 소유한 모회사였다.

1972년 블루칩은 웨스코 주식을 매수하기 시작했다.[67] 같은 해 웨스코의 시가총액은 2,850~4,120만 달러의 범위를 보여[68] 직전 연도 자기자본 5,970만 달러보다 훨씬 낮은 수준이었다.[69] 1972년 저점에서 웨스코의 시가총액은 자기자본 장부가액의 47.8%에 불과했다. 같은 해 순이익은 310만 달러였으므로 주가 저점 기준 이익수익률은 11%였다. 당시 10년 만기 국채 수익률은 6.4%였다.[70]

블루칩이 웨스코 주식을 매수한 후 파이낸셜 코퍼레이션 오브 샌타바버라(Financial Corporation of Santa Barbara)가 웨스코에 합병을 제안했다. 버핏과 멍거는 합병 조건이 웨스코 주주에게 지나치게 불리하다고 생각했으므로 지배권을 확보하려는 목적에서 웨스코 주식을 추가 매수했다. 1975년 블루칩의 웨스코 지분율은 64.4%였고[71] 이후에도 추가 매수해 1977년 지분율은 80.1%에 달했다.[72]

저축대부(S&L) 사업자는 예금자 유치 면에서 다른 은행보다 유리했다. 이들이 고객 예금에 지급하는 이자율은 규제 대상이었다. 저축대부조합 사업자는 시중 이자보다 0.5%P 높은 이자를 지급할 수 있어서 고객을 수월하게 유치했다. 당시 규제당국은 미국 내 주택 소유를 장려하기 위해 이러한 우위를 허가했다. 저축대부조합의 예수금 규모가 증가하면 금융 시스템 내 모기지

(mortgage) 규모도 증가해 미국 시민이 주택을 구입하기가 수월해질 것으로 기대했다.

따라서 저축대부조합은 주택 모기지와 관련된 자산을 일정 수준 보유할 의무가 있었다. 게다가 연방저축대부보험공사(Federal Savings and Loan Corporation)˙의 규제 요건도 충족해야 했다.

웨스코에 어느 정도 경쟁우위가 있고 수치상 저평가된 것처럼 보이는 가격에 거래되고 있었지만 저축대부산업에는 문제가 있었다. 은행 같은 금융기관은 일반적으로 예금자에게 빌린 돈을 대출자에게 다시 빌려줘서 이자수익을 올린다.

저축대부산업은 단기 자금을 빌려 장기 자금으로 빌려주는 경향이 있다. 단기 자금을 빌린다는 것은 고객의 단기 요구불예금을 빌린다는 뜻이다. 요구불예금에는 사실상 아무런 제약이 없어서 고객은 언제든 자기 돈을 인출할 수 있다. 장기 자금으로 빌려준다는 것은 장기 고정금리 모기지 대출을 해준다는 뜻이다. 이러한 비즈니스 모델로 인해 저축대부산업은 자본 조달 위험뿐 아니라 이자율 위험에도 노출된다.

웨스코와 유사 금융기관은 예금자에게 주는 이자와 대출자에게 받는 이자 간 차이인 예대마진(spread)에서 수익을 낸다. 이때 예금과 대출의 듀레이션이 대략이라도 일치하지 않으면 문제가 발생한다. 금리가 변화하면 장기 모기지 대출보다 단기 예금이 먼저 영향받는다. 금리가 상승하면 예금자는 더 높은 이자를 받는다. 금리 상승 폭이 너무 크다면 금융기관이 수취한 대출이자는 예금자에게 지급할 이자를 충당하기에 부족할 수도 있다. 예금과 대출의 듀레이션이 일치한다면 자산 항목의 이자수익과

˙   현재 이 조직은 사라지고 연방예금보험공사가 업무를 흡수했다.

부채 항목의 이자비용이 상쇄하고, 금리 변화에 따른 문제를 겪을 가능성이 작다.

또한 금융기관은 자금 원천에 따른 위험에도 노출된다. 금융기관이 단기 예금자의 돈을 빌릴 때는 해당 고객이 자기 돈을 인출할 가능성이 항상 존재한다. 대출은 만기가 수년 이상일 때가 많으므로 금융기관은 자산에 투자할 만한 자금이 충분하지 않은 사태를 직면할지도 모른다. 이러한 유동성 부족 문제는 금융기관에 심각한 위험을 초래할 수 있다.

	1973년	1977년	1980년
대출채권	389,584,000	394,125,000	164,648,000
총자기자본	67,551,000	81,409,000	102,957,000
대출채권 대 자기자본 비율(배)	5.77	4.84	1.60

1973년 웨스코의 대출채권은 3억 8,960만 달러였고 자기자본은 6,760만 달러였다. 총자산 4억 5,200만 달러의 86.2%에 달하는 대출채권은 대개 저축예금에서 자금을 충당했다. 자기자본 6,760만 달러는 미상환 대출채권과 비교해 아주 미미한 규모였기 때문이다. 재무상태표상 예수부채는 대출채권의 88.7%에 달했다.[73] 이후 10년간 웨스코는 총 레버리지 규모를 줄이면서 유동성이 대폭 높아졌다. 1977년 총자산의 67.8%가 대출채권, 17.9%가 현금 및 채권이었다.[74]

게다가 버핏과 멍거는 지배권을 확보한 뒤 보통주 포트폴리오를 확대했다. 1973년 보통주는 총자산의 1.5%에 불과했지만[75]

1977년 보통주 평가액은 총자산의 10.0%에 달했다.[76] 이를 통해 1970년대 후반 웨스코는 추가 유동성도 확보했다.

	1973년	1977년	1980년
현금	1,151,000	1,614,000	2,234,000
채권	32,176,000	102,348,000	73,982,000
주식	6,785,000	58,136,000	84,631,000
대출채권	389,584,000	394,125,000	164,648,000
기타 자산	22,284,000	24,871,000	36,030,000
자산총계	451,980,000	581,094,000	361,525,000

자산총계 대비 비율(%)	1973년	1977년	1980년
현금	0.3	0.3	0.6
채권	7.1	17.6	20.5
주식	1.5	10.0	23.4
대출채권	86.2	67.8	45.5
기타 자산	4.9	4.3	10.0
자산총계	100.0	100.0	100.0

"1981년이나 1982년 이전에는 모기지 대출 포트폴리오가 꾸준히 빠르게 확대하는 동시에 금리가 안정적이었거나 느린 속도로 상승했기에 훌륭한 주주이익을 올렸습니다. 이는 (연방저축대부보험공사에 의해—옮긴이) 지급이 보증된 저축예금에 시중 은행의 최저 이자보다 다소 높은 고정 이자 지급을 의무화함으로써 성장을 촉진하고 영업이익을 보호하는 규제 환경 덕분이기도 했습니다. 따라서 저축대부조합은 시중 은행보다 소폭 높은 이자율 덕분에 고객 예금을 쉽게 끌어들였지만, 동시에 이들 모두를 둘러싼 경쟁 압력이 약해졌습니다."

— 찰리 멍거, 웨스코파이낸셜 1983년 주주 서한

우호적인 금리와 규제 환경에서 저축대부산업은 호황을 맞았지만, 그런 환경이 영원히 지속하지는 않는 법이다. 저축대부산업을 둘러싼 위험 수준이 강화하면서 웨스코는 관련 자산을 대부분 처분하기로 했다. 1980년 12월 웨스코는 본점을 제외한 모든 지점을 매각했다. 3억 700만 달러 상당의 예수부채(그리고 모기지 대출)를 매각한 대가로 810만 달러를 받았다.[77]

재무상태표상 대출채권 잔액은 1979년 5억 620만 달러에서 매각 후 1980년 1억 6,460만 달러로 감소했다. 웨스코의 자기자본은 미상환 대출채권의 62.5%에 달하는 1억 300만 달러였고 예수부채 1억 6,840만 달러도 있었다. 자산에서는 1980년 현금과 채권이 총자산의 21.1%를, 보통주가 23.4%를 차지했다. 같은 해 대출채권은 총자산의 45.5% 수준이었다.[78] 1980년을 기준으로 할 때 웨스코의 저축대부사업은 분명히 규모가 줄었고 초과자본은 여유가 있었다.

웨스코는 1980년대 내내 기존 사업에서 벗어나려 노력했다. 특히 주식에 막대한 규모로 투자하면서 1983년 포트폴리오가 1억 1,150만 달러를 넘겼고[79] 이후 탁월한 투자수익을 냈다. 웨스코의 세전 유가증권 처분이익은 1984년 1,940만 달러, 1985년 6,290만 달러였다.[80] 전사 순이익이 1,060만 달러에 그쳤던 1983년과 대조적이다.[81]

웨스코가 투자했던 제너럴푸즈(General Foods)를 1985년 필립모리스(Philip Morris)가 인수하며 대규모 처분이익이 발생했다. 3,440만 달러에 달했던[82] 제너럴푸즈 지분 처분이익은 주주가치의 아주 중요한 원천이었다. 웨스코의 자기자본은 1983년 1억 2,410만 달러,[83] 1984년 1억 6,360만 달러에 불과했기 때문이다. 제너럴푸즈 지분 처분이익에 힘입어 자기자본은 1985년 말 1억 9,080만 달러로 증가했다.[84]

웨스코는 1985년 보험업으로도 확장해 버크셔 해서웨이와 함께 웨스코파이낸셜 인슈어런스 컴퍼니(Wesco-Financial Insurance Company, Wes-FIC)라는 합작회사를 내부 설립했다. 특히 재보험업에 진출하기 위해 설립한 회사였다. 당시 웨스코는 초과자본이 넉넉했으므로 재보험사업을 시도하는 것은 일리가 있었다.

보험 계약과 관련하여 웨스코와 버크셔가 한 약속을 신뢰한 기업은 Wes-FIC과 거래했다. 웨스코와 버크셔는 자본력이 우수하고 레버리지가 낮으며 이익 창출력이 다각화되어 있고 이익 잉여금을 계속 축적해온 역사가 있기에 신뢰할 만했다.

"피터스 가문과 캐스퍼스 가문의 대주주를 포함해(이들이 동
의하지 않았다면 아무것도 진행할 수 없었을 것입니다) 이사회의 만장
일치로 웨스코는 신규 설립한 완전 소유 자회사인 웨스코파
이낸셜 인슈어런스 컴퍼니(Wes-FIC)에 현금성 자산 4,500만
달러를 출자했습니다. Wes-FIC은 네브래스카주에서 면허
를 인가받은 보험사입니다."

— 찰리 멍거, 웨스코파이낸셜 1985년 주주 서한

버핏과 멍거는 웨스코에서도 버크셔와 블루칩과 유사한 각
본을 따랐다. 즉 초과자본을 활용해 새로운 산업에 속한 기업
에 투자했고, 투자한 기업이 창출한 이익으로 더 많은 기업에 투
자했다. 이렇게 웨스코도 버핏과 멍거의 복리 기계 대열에 합류
했다.

제너럴푸즈 코퍼레이션

제너럴푸즈 코퍼레이션은 미국의 여러 유명 식음료 브랜드를 소유한 회사였다. 1980년대 최대 사업 부문은 포장 식료품으로서 포스트(Post) 시리얼과 젤로(Jell-O), 쿨휩(Cool Whip: 미국의 모조 휘핑크림 브랜드—옮긴이) 등이 주요 브랜드였다.[85] 커피 역시 중요한 부문이었고 식료품점에서 맥스웰하우스(Maxwell House)라는 브랜드로 판매했다. 쿨에이드(Kool-Aid)와 컨츄리타임(Country Time), 탕(Tang) 같은 음료 제품도 생산했다.

웨스코와 버크셔는 모두 제너럴푸즈에 투자했다는 사실을 1979년에 처음 공개했지만, 1980년과 1983년에 훨씬 더 큰 규모로 투자했다. 웨스코를 통한 간접지분까지 포함하면 버크셔는 1980년 말 기준 총 6,250만 달러를 투자했다(평균 매수가 주당 31.51달러).[86] 1983년 말 투자액은 총 1억 6,380만 달러로 증가했다(평균 매수가 주당 36.79달러).[87] 당시 버크셔의 자기자본은 11억 달러였으므로 제너럴푸즈는 상당한 비중을 둔 투자였다.[88]

1970년대 제너럴푸즈는 견고한 성장을 구가했다. 1971년부터 1979년까지 매출은 연평균 11.0%,[89] 순이익은 연평균 8.7% 증가했다.[90] 같은 기간 두 자릿수 자기자본이익률을 기록했고 1979년 자기자본이익률은 17.6%였다. 같은 해 순이익은 2억 3,210만 달러, 버크셔의 매수가로 추정한 제너럴푸즈 평가액은 16억 달러였으므로 최초 이익수익률은 14.8%였다.

	1971년	1979년
매출	2,390,000,000	5,508,079,000
연평균 증감률(%)		11.0
순이익	119,000,000	232,149,000
연평균 증감률(%)		8.7

제너럴푸즈는 1980년대 초까지 계속해서 성장했다. 1979년
이후 매출은 연평균 8.7% 증가해 1985년 91억 달러를 기록했
다. 순이익도 계속 증가해 1985년 3억 2,490만 달러를 기록했
다.[91] 순이익 증가에 힘입어 주가도 상승했다. 1984년 말 기준
버크셔의 제너럴푸즈 지분 평가이익률은 50.9%였다.[92]

"몇 년 전 사리 분별에 뛰어난 경영진이 있고 계속해서 성장
할 것으로 보이는 독립적인 기업 지분의 가치를 시장이 낮
게 평가하는 상황 속에서 웨스코는 제너럴푸즈에 투자했습
니다. 당시 제너럴푸즈 정도의 규모를 갖춘 기업이 시장가에
아주 높은 프리미엄이 붙은 가격으로 갑작스러운 인수 제안
[이른바 '베어 허그(bear hug)']을 받고 매각되는 것은 전례도 없
었을뿐더러 상상할 수조차 없는 일이었습니다.
  하지만 1985년에 바로 그 일이 일어났습니다. 웨스코는
전혀 예측하지 못했지만, 오랜 금기가 무너지고 미국의 기업
인수 대전(大戰)이 새로운 영역을 휩쓸고 있습니다."
— 찰리 멍거, 웨스코파이낸셜 1985년 주주 서한

당시 기업 담보 차입인수(leveraged buyout, LBO)가 대유행하면서 제너럴푸즈도 인수 대상으로 떠올랐다. 1985년 말경 필립 모리스는 주낭 120달러에 제너럴푸즈를 인수했다.[93] 버크셔는 1983년에 제너럴푸즈 주식 매집을 중단했는데, 겨우 2년 후 평균 매수가보다 3배 이상 높은 가격에 회사가 매각되었다. 필립모리스의 인수가는 제너럴푸즈를 59억 달러로 평가했던 만큼 터무니없이 비싼 가격이었다.

버크셔의 매수가 기준 최초 이익수익률은 14.8%였지만, 필립모리스의 인수가 기준에서는 5.5%에 불과했다(1985년 순이익 기준). 순이익 증가가 지분 평가액의 상승에 영향을 미쳤지만, 1980년대 초와 비교해 1985년 시장이 제너럴푸즈를 고평가했던 것이 더 큰 요인으로 작용했다.

1985년 버크셔는 제너럴푸즈 지분 처분이익으로 2억 2,780만 달러를 보고했다(세후 기준).[94] 여기에는 웨스코 몫의 처분이익 3,440만 달러가 포함되어 있었다.[95] 직전 연도 웨스코의 자기자본은 1억 6,360만 달러였으므로 이 처분이익만 해도 1985년 초 자기자본의 21%에 달했다.[96] 1984년 버크셔의 자기자본 대비 세후 처분이익은 17.9% 수준이었다.[97]

버핏과 멍거의 제너럴푸즈 투자는 처음부터 끝까지 5년이 걸렸지만 처분이익은 1985년 손익계산서에만 반영되었다. 즉 1985년 보고 순이익은 같은 해 정상 이익 창출력을 과장해서 보여주고 이전 시기에는 축소해서 보여준다. 이후 제너럴푸즈는 크래프트푸즈(Kraft Foods)와 합병했다. 크래프트푸즈는 2015년 하인즈(Heinz)와 합병했는데, 버크셔는 나중에 이 회사에 투자하게 된다.

디트로이트 인터내셔널 브리지 컴퍼니

디트로이트 인터내셔널 브리지 컴퍼니는 미시간주 디트로이트
와 캐나다 온타리오주 윈저를 연결하는 유료 교량을 소유하고
운영했다. '앰배서더 브리지(Ambassador Bridge)'라는 이름의 교
량은 1929년 11월 개통했다.[98] 디트로이트강 위를 지나는 다리
는 미국과 캐나다를 오가는 대규모 상업 운행 경로를 제공한다.
버크셔 해서웨이는 적어도 1972년부터 디트로이트 인터내셔널
브리지 주식을 보유했고 웨스코는 1970년대 후반 지분율이 상
당히 높았다.

> "저는 인플레이션 환경에서는 규제받지 않는 유료 교량이야
> 말로 훌륭한 투자 대상이라고 말한 바 있습니다. (중략) 자본
> 적 지출이 이미 이루어졌기 때문입니다. 화폐가치가 떨어지
> 기 전에 교량을 다 지었으니 새로 교체할 필요가 없습니다."
> ― 워런 버핏, 쿠리어 익스프레스 대 이브닝 뉴스 소송 법정 증언[99]

유료 교량사업을 이해하기는 그리 어렵지 않다. 매년 유지보
수 성격의 자본적 지출이 존재하지만 기본적으로 교량은 단 한
번만 건설하면 된다. 시간이 흘러 인플레이션이 도래한다면 교
량 소유주는 그에 맞춰 통행료를 인상할 수 있을 것이다. 특히
운전자의 경로 선택지가 제한적이라면 교량 소유주의 가격 결정
력은 더 높아진다.
　강 바로 아래에 디트로이트 앤드 캐나다 터널(Detroit & Can-
ada Tunnel)이라는 경쟁 교량이 존재했지만, 통행 트럭의 85%

가 앰배서더 브리지를 택했다.[100] 두 경로의 전체 통행량은 비슷
했지만 앰배서더 브리지는 상업 운행 부문에서 압도적인 우위를
점했다.

디트로이트 인터내셔널 브리지 컴퍼니는 유형자산을 보유
하고 꾸준히 일정 수준의 현금흐름을 창출했는데도 부채가 거의
없었다. 앰배서더 브리지를 완공한 직후 1930년대 후반에 회사
가 파산 보호를 신청했던 사실이 자본 조달 구조에 영향을 미쳤
다. 회생에 성공한 후 아주 보수적인 재무 상태를 유지했다.

1976년 총자산 중 현금 비중은 54.8%에 달했다.[101] 나머지
자산은 대부분 앰배서더 브리지와 관련된 유형자산이었다. 자기
자본이 총자산의 86.8%에 달했으니 부채는 미미한 수준이었다.
즉 경영진이 더 공격적인 전략을 원할 때(예컨대 다각화된 지주회사
의 자회사가 되는 상황)를 대비해 화력을 비축한 상태였다.

디트로이트 인터내셔널 브리지는 훌륭한 기업이었다. 1968년
부터 1977년까지 매년 20% 이상의 총자산이익률을 기록했다.
부채가 거의 없어서 자기자본이익률도 비슷한 수준이었다. 하지
만 막대한 현금을 보유했기에 같은 기간 현금을 제외한 자기자본
이익률은 37.7~74.8%의 범위를 보였을 것이다. 같은 기간 매출
은 연평균 8.7% 증가했다. 10년 중 매출이 감소한 것은 단 2년에
불과했을 만큼[102] 견실한 기업이었다.

	1968년	1971년	1974년	1977년
매출	3,996,264	5,014,724	7,347,991	8,440,000
연평균 증감률(%)*		7.9	13.6	4.7
순이익	1,240,553	1,475,128	2,437,437	2,320,000
연평균 증감률(%)*		5.9	18.2	(1.6)
자기자본	4,697,193	6,073,255	8,452,494	9,295,000
자기자본이익률(%)	26.4	24.3	28.8	25.0
현금	1,917,022	2,381,084	4,958,451	5,127,000
현금 제외 자기자본이익률(%)	44.6	40.0	69.8	55.7

* 각 3년 전 기준 연평균 증감률―옮긴이

1970년대에 매출은 계속해서 증가했지만 통행료는 1971년 이후 변동이 없었다.[103] 매출이 증가한 것은 전적으로 통행량이 증가했기 때문이다. 상업 운행 경로로 앰배서더 브리지를 선호하는 것은 분명했으므로 언젠가 통행료를 인상할 기회가 있으리라고 예상하는 것이 합당했다. 신규 진입한 경쟁사가 새로운 교량을 건설하려면 수백만 달러를 써야 할 뿐 아니라 규제 문제도 헤쳐나가야 했다.

통행료 인상 폭이 과도하지 않다면 시간이 흐르면서 매출이 완만하게 증가하리라고 예상하는 것이 합리적이었다. 꾸준한 영업활동 수익성과 초과유동성, 레버리지 확대 여력, 아직 활용하지 않은 잠재 가격 결정력을 갖춘 디트로이트 인터내셔널 브리지는 매력적인 투자 기회처럼 보였다.

1977년 시가총액은 1,900~2,950만 달러의 범위였고[104] 재무상태표상 현금은 560만 달러였다. 즉 현금을 제외한 시가총액은 1,340~2,390만 달러 범위였다. 직전 연도 순이익은 240만 달러였고, 이 중 170만 달러를 주주에게 배당으로 지급했다. 따라서 1977년 주가 기준 최초 이익수익률은 10.2~18.1%였다.[105] 같은 해 10년 만기 국채 수익률 7.7%와 비교할 때 아주 우수한 자산을 보유한 기업치고는 주가가 저렴해 보였다.[106]

버크셔는 1970년대 초반에 계속해서 디트로이트 인터내셔널 브리지 주식을 매수했다. 1974년 기준 버크셔의 평균 매수가는 주당 13.34달러였고(주식 배당 조정 기준) 총 취득원가는 56만 430달러였다.[107] 이는 당시 버크셔가 보유한 보통주 포트폴리오의 1.1%에 불과했을 만큼 '소액' 투자였다.

1977년 웨스코는 디트로이트 인터내셔널 브리지 주식을 대량 매수했다. 1977년 11월 웨스코의 지분율은 21.6%였고[108] 평균 매수가는 주당 20달러였다.[109] 이에 바탕을 둔 디트로이트 인터내셔널 브리지의 평가액은 2,540만 달러였다. 웨스코의 투자액 550만 달러는 당시 유가증권 포트폴리오의 8.6%에 해당했다.[110]

웨스코는 디트로이트 인터내셔널 브리지의 유통주식 전량을 취득하려고 했으나 인수 경쟁에서 패배했다. 마누엘 모룬(Manuel Moroun)이 소유한 센트럴 카티지 컴퍼니(Central Cartage Company)가 주당 24달러에 디트로이트 인터내셔널 브리지를 인수했다. 센트럴 카티지의 인수가는 웨스코의 평균 매수가보다 20% 높았다. 이후 디트로이트 인터내셔널 브리지는 비상장기업으로 전환했고, 웨스코는 총 100만 달러의 처분이익을 실현했다.[111]

프리시전 스틸 웨어하우스

1979년 2월 웨스코는 일리노이주 프랭클린파크 소재 프리시전 스틸 웨어하우스(Precision Steel Warehouse)를 1,510만 달러에 인수했다.[112] 프리시전 스틸은 비상장기업이었으므로 인수 전 재무제표를 완전히 분석하는 것은 불가능하다. 인수 후 공개된 자료를 기준으로 할 때 인수 직전 연도인 1978년 순이익은 190만 달러였다.[113] 따라서 웨스코의 인수가 기준 최초 이익수익률은 12.7%였다.

웨스코의 1979년 연차보고서에는 자회사가 된 프리시전 스틸의 세부적인 자산과 부채 내역이 담겨 있다. 1978년 보고 순이익을 기준으로 할 때 1979년 총자산이익률은 11.4%였다.[114] 부채는 미미한 수준이었기에 자기자본이익률도 13.2%로 비슷했다.[115]

프리시전 스틸	
1978년 순이익	1,900,000
총자산이익률(%)	11.4
자기자본이익률(%)	13.2

프리시전 스틸의 자본은 기본적으로 유형자산과 매출채권, 재고자산으로 구성되었다. 부채는 총자산의 14.3%에 불과했고 나머지 85.7%는 자기자본이었다.[116] 매입채무나 기타 부채 형태로 운전자본 규모를 크게 유지하는 데 따른 이득이 거의 없었으

므로 사업에 필요한 자본 대부분을 자기자본으로 충당했다.

이러한 상황은 (정밀금속과 제강제품을 도매 공급하는—옮긴이) 프리시전 스틸의 경쟁력을 잘 보여준다. 매출채권 형태의 고객 자금을 어느 정도 활용하면서 공급자의 매입채무 규모는 작게 유지했다. 그런데도 준수한 자본이익률을 올렸고, 꾸준히 두 자릿수 총자산이익률과 자기자본이익률을 기록했다.

프리시전 스틸	1979년	자산총계 대비 비율(%)
현금	1,413,000	8.4
매출채권	4,659,000	27.6
재고자산	6,082,000	36.0
유형자산	4,410,000	26.1
제강 부문 기타 자산	329,000	1.9
제강 부문 자산총계	16,893,000	100.0
지급어음	307,000	1.8
매입채무	1,870,000	11.1
법인세부채	236,000	1.4
제강 부문 부채총계	2,413,000	14.3
제강 부문 자본총계	14,480,000	85.7

웨스코가 프리시전 스틸 인수가로 지불한 1,510만 달러는 1979년 말 자기자본 9,590만 달러의 15.7%에 달했다. 같은 해 웨스코의 순이익은 1,110만 달러였고 이 중에서 프리시전 스틸의 세후 순이익은 170만 달러로 15.3%를 차지했다.[117] 눈부신 성과는 아닐지 몰라도 프리시전 스틸은 (웨스코의 모회사인—옮긴이) 블루칩스탬프의 이익 창출력 다각화에 기여했을 뿐 아니라 웨스코가 재투자할 현금도 창출했다.

1985년까지 대부분 해에 프리시전 스틸은 수백만 달러의 순이익을 기록하며 웨스코의 인수가와 비교해 아주 뛰어난 성과를 냈다. 웨스코의 인수가를 기준으로 할 때 프리시전 스틸의 최초 이익수익률은 12.7%였고, 시간이 흐르면서 조금씩 상승했다. 1979년부터 1985년까지 프리시전 스틸의 매출은 연평균 5.2%, 순이익은 연평균 2.8% 증가했다. 1985년 순이익은 200만 달러로서 웨스코의 인수가 기준 이익수익률은 13.3%였다.[118]

프리시전 스틸	1979년	1985년
매출	37,883,000	51,305,000
연평균 증감률(%)		5.2
순이익	1,707,000	2,010,000
연평균 증감률(%)		2.8

블루칩스탬프

블루칩이 버크셔의 연차보고서에 처음 등장한 것은 1972년으로서 보험 자회사의 주식 포트폴리오 편입 종목이었다. 이전 몇 년 동안은 주식 포트폴리오에 어떤 종목을 편입했는지를 제한적으로 공개했다.

1972년 버크셔는 블루칩 주식 85만 3,754주를 보유했고 총 투자액은 1,130만 달러였다(평균 매수가 주당 13.22달러). 하지만 블루칩 주가가 16.3% 상승하면서 평가액은 1,310만 달러에 달했고 같은 해 버크셔 주식 포트폴리오의 41.3%를 차지했다.

뒤를 이어 클리블랜드 클리프 아이언 컴퍼니(Cleveland Cliffs Iron Company)가 12.0% 비중이었고 캘리포니아 워터서비스 컴퍼니(California Water Service Company)와 케네컷 코퍼 코퍼레이션(Kennecott Copper Corporation), 내셔널 프레스토 인더스트리(National Presto Industries)가 엇비슷하게 비중 상위 5개 종목에 이름을 올렸다. 비중 상위 5개 종목은 주식 포트폴리오의 71.7%를 차지했고, 비중이 낮은 28개 종목이 나머지를 이루었다.[119]

1972년	평가액	포트폴리오 비중(%)
블루칩스탬프	13,130,968	41.3
클리블랜드 클리프 아이언 컴퍼니	3,829,962	12.0
캘리포니아 워터서비스 컴퍼니	2,406,211	7.6
케네컷 코퍼 코퍼레이션	1,790,750	5.6
내셔널 프레스토 인더스트리	1,671,413	5.3
기타	8,999,828	28.3
총 주식 포트폴리오	31,829,132	100.0

1972년 버크셔가 보유한 블루칩 주식 85만 3,754주는 당시 지분율 16.9%에 해당했다.[120] 하지만 버핏은 다이버시파이드 리테일링을 통해서도 블루칩 주식을 보유했다. 버핏, 곧 버크셔는 블루칩의 지배지분을 보유했으므로 블루칩은 버크셔의 재무상태표에서 지분법 적용 투자주식으로 회계 처리했다. 즉 블루칩의 지분법이익은 버크셔의 손익계산서상 순이익에 반영된다(영업외손익 항목—옮긴이).

하지만 1972년에는 블루칩이 버크셔에 지급한 배당 11만 1,168달러 외에는 지분법이익을 인식하지 않았다. 영업권 상각 관련 비용을 차감하고 나니 지분법이익이 미미한 수준에 그쳤기 때문이다.[121]

버크셔는 1970년대 내내 블루칩 지분율을 계속해서 늘렸다. 초기에는 직접적인 공개시장 매수의 결과로 지분율이 상승했다. 나중에는 버크셔가 다이버시파이드 리테일링을 흡수 합병하면서 블루칩 지분율이 36.5%[122]에서 58.0%[123]로 상승했다.

1983년 블루칩 역시 버크셔에 흡수 합병되면서 완전 소유 자회
사가 되었다.

버크셔의 블루칩 지분	보유주식수	지분율(%)
1972년	853,754	16.9
1973년	989,483	19.1
1974년	1,325,233	25.6
1975년	1,325,233	25.6
1976년	1,720,709	33.2
1977년	1,890,335	36.5
1978년	3,003,820	58.0
1979년	3,107,400	60.0
1980년	3,107,400	60.0
1981년	3,107,400	60.0
1982년	3,107,400	60.0
1983년	–	100.0

　　1970년 2월 말 블루칩의 총자산은 1억 4,730만 달러였고
그중 주식과 채권 비중은 76.2%에 달했다. 뒤를 이어 재고자산
(12.9%)과 매출채권(4.6%)의 비중이 높았다. 유형자산은 총자산
의 2%에 불과했다. 부채 항목에서는 미교환 경품권 부채의 규
모가 가장 컸다(총자산의 58.5%). 뒤를 이어 지급채무(10.1%)와 회
사채(7.4%)의 비중이 높았다. 당시 자기자본은 총자산의 24%에
불과했던 만큼[124] 자본 집약도가 아주 낮았다.

블루칩	1970년 2월	자산총계 대비 비율(%)
현금	468,000	0.3
유가증권	112,288,000	76.2
매출채권	6,704,000	4.6
재고자산	19,011,000	12.9
선급비용	3,504,000	2.4
유형자산	2,928,000	2.0
미상각 회사채 할인발행차금	2,430,000	1.6
자산총계	147,333,000	100.0
매입채무	7,851,000	5.3
미지급 법인세	7,022,000	4.8
미교환 경품권 부채	86,189,000	58.5
후순위 일반사채	10,840,000	7.4
부채총계	111,902,000	76.0
자본총계	35,431,000	24.0
부채 및 자본 총계	147,333,000	100.0

1970년 블루칩은 이자비용 및 법인세 차감 전 이익(EBIT) 1,480만 달러를 기록했다. 그중 상당 비중이 유가증권 포트폴리오의 이자 및 배당수익에서 비롯했다. 같은 해 순이익은 860만 달러였고 자기자본이익률은 19.8%였다. 블루칩은 주주에게 총 120만 달러의 배당을 지급했지만, 이를 제외한 순이익은 전부 유보했다.[125]

다음 해 경품권 매출이 15% 감소하면서 영업이익이 590만 달러로 감소했다. 같은 해 유가증권 처분손실 170만 달러를 내면서 순이익 420만 달러를 기록했다.[126] 직전 연도와 마찬가지로 120만 달러를 배당으로 지급하고 나머지 순이익은 전부 유보했다.[127]

1972년 1월 블루칩은 씨즈캔디를 3,500만 달러(취득 현금을 제외하면 2,510만 달러)에 인수했다. 인수 자금을 조달하기 위해 3,270만 달러를 차입했다.[128] 인수에 지출한 자금을 반영하더라도 기말 유가증권 장부가액은 기초보다 2,500만 달러나 증가했다. 인수 당시 씨즈캔디는 초과현금을 보유했고, 블루칩의 플로트가 증가하고 운전자본이 감소해 현금흐름도 증가했다.

1970년대 나머지 기간에는 씨즈캔디가 블루칩의 성장을 이끌었다. 블루칩의 경품권 매출은 1972년 8,870만 달러[129]에서 1979년 1,830만 달러[130]로 감소했다. 씨즈캔디의 사탕 판매액은 인수 첫해인 1972년 3,200만 달러에서 1979년 8,730만 달러로 증가했다. 기존 경품권사업 매출이 감소하면서 블루칩의 플로트 역시 감소했지만 매출만큼 빠르게 감소하지는 않았다.

미교환 경품권 부채는 1972년 9,340만 달러에서 1979년 6,750만 달러로 감소했다. 경품권을 받은 고객 중 일부는 끝내 무료 상품으로 교환하지 않았고, 나머지 고객은 시간이 흐르면서 천천히 교환했다. 1972년 블루칩의 연결 세전 이익은 1,190만 달러였는데, 1979년 씨즈캔디의 세전 영업이익만 해도 1,280만 달러에 달했다.[131]

	1972년	1979년
경품권 매출	88,736,000	18,277,000
증감률(%)		(79.4)
사탕 판매액	32,049,000	87,314,000
증감률(%)		172.4
미교환 경품권 부채	93,351,000	67,524,000
증감률(%)		(27.7)

1973년 3월 기준 블루칩의 주식 포트폴리오의 취득원가는 1억 2,330만 달러였다. 당시 블루칩의 웨스코파이낸셜 지분율은 21.9%였다. 웨스코 지분의 취득원가는 810만 달러였으므로 포트폴리오 비중은 6.6%였다. 1974년 4월 블루칩의 웨스코 지분율은 57%로 상승했다.[132] 시간이 흘러 지분율이 80%로 상승하며 지배권을 확보했기에 웨스코를 더 이상 유가증권 항목으로 보고하지 않았다.

게다가 1977년 블루칩은 3,440만 달러*를 투자해 버펄로 이브닝 뉴스도 인수했다.[133] 웨스코와 버펄로 이브닝 뉴스 인수로 블루칩의 재무상태표상 유가증권의 장부가액이 감소했다. 블루칩은 버펄로 이브닝 뉴스 인수 자금을 조달하기 위해 유가증권 포트폴리오를 일부 매도하고 1,140만 달러를 추가 차입했다.

---

* 앞서 '버펄로 이브닝 뉴스' 섹션을 참고하면 취득원가 3,550만 달러보다 110만 달러 낮은 공정가치 기준을 말한다.

1978년 12월 30일 기준	비중(%)*	장부가액	평가액	평가이익률(%)
채권	18.6	14,238,000	14,238,000	0.0
아메리칸 워터웍스 (American Waterworks)	1.2	1,062,000	955,000	(10.1)
클리블랜드 클리프 아이언 컴퍼니	16.8	13,222,000	12,845,000	(2.9)
클로브트러스트 코퍼레이션 (CloveTrust Corp.)	1.8	1,211,000	1,362,000	12.5
매뉴팩처러스 내셔널 코퍼레이션 (Manufacturers National Corp.)	5.4	3,706,000	4,146,000	11.9
내셔널 디트로이트 코퍼레이션 (National Detroit Corp.)	15.4	9,941,000	11,752,000	18.2
핑커턴스	21.3	19,201,000	16,300,000	(15.1)
피츠버그 내셔널 코퍼레이션 (Pittsburgh National Corp.)	12.1	8,721,000	9,234,000	5.9
새너제이 워터 웍스 (San Jose Water Works)	2.1	1,462,000	1,638,000	12.0
기타	5.3	3,869,000	4,024,000	4.0
유가증권 포트폴리오 내 주식	81.4	62,395,000	62,256,000	(0.2)
유가증권 포트폴리오	100.0	76,633,000	76,494,000	(0.2)

* 평가액 기준

　　1972년 말 버크셔의 블루칩 지분율은 16.9%였다. 버크
셔의 투자액 1,130만 달러에 바탕을 두면 블루칩의 평가액은
6,660만 달러였다. 같은 해 블루칩의 순이익은 710만 달러였고
버크셔의 취득원가 기준 이익수익률은 10.7%였다. 여기에는 소
송 합의금 92만 5,000달러와 유가증권 처분손실 8만 2,000달
러가 포함되어 있다. 이를 제외한 세후 영업이익 810만 달러에
바탕을 두면 버크셔의 취득원가 기준 이익수익률이 12.2%로 상
승했을 것이다. 같은 해 블루칩의 자기자본은 5,310만 달러였으
므로 버크셔는 1972년 장부가치보다 25.4% 높은 가격에 블루
칩 주식을 매수했다.[134]

　　1970년대 중반 시장이 침체하면서 블루칩 지분 평가액도
터무니없는 수준으로 하락했다. 주가는 1971년 19.75달러의 고
점을 기록한 후 1974년 4.50달러로 77.2% 하락했다.[135] 지분
평가손실은 1972년 취득원가 대비 66%에 달했고 주가 저점에
서 블루칩의 시가총액은 2,330만 달러에 불과했다. 이는 명백한
바겐세일이었다.

　　몇 년 전만 해도 블루칩은 씨즈캔디 인수에 2,510만 달러를
지출했다. 당시 블루칩의 자기자본은 5,990만 달러였으므로 주
가는 장부가치의 38.9%에 불과했다. 자기자본은 가치 있는 자
산들로 구성되었다. 블루칩은 총자산의 3분의 2에 해당하는 유
가증권 1억 3,270만 달러도 보유했다.[136] 유가증권 포트폴리오
는 보통주 및 우선주 1억 160만 달러와 채권 3,120만 달러로 구
성되었다.[137] 또한 현금 300만 달러를 비롯해 매출채권과 유형
자산, 재고자산 수백만 달러도 있었다.

　　이러한 자산 취득 자금을 조달하는 데 경품권사업의 플로트

7,880만 달러와 이자부 부채 5,060만 달러를 활용했다.[138] 자기
자본은 시장에서 현금을 받고 매각할 수 있는 유동성자산에 투
입했다.

블루칩은 가치 없는 재고자산이나 감가상각이 끝난 장비를
깔고 앉은 기업이 결코 아니었다. 게다가 세계 역사상 가장 위대
한 투자자 두 명이 유가증권 포트폴리오를 운용했다. 버핏과 멍
거는 1970년대에 이미 전설적인 트랙레코드를 뽑냈다.

	1973년
현금	3,013,000
채권	31,164,000
주식	101,579,000
기타 자산	64,464,000
자산총계	200,220,000
미교환 경품권 부채	78,776,000
이자부 부채	50,553,000
기타 부채	11,004,000
부채총계	140,333,000
자본총계	59,887,000
1974년 시가총액 저점	23,305,500
주가순자산배수	0.389

재무상태표만 봐도 블루칩 주식이 저렴해 보였지만, 손익계
산서까지 분석해도 결론은 마찬가지다. 1973년 순이익은 800만
달러로 1974년 시가총액 저점의 34.3%에 달했다.[139] 금리가
7.4%에 불과했던 시기에 달성 가능했던 엄청난 이익수익률이
다.[140] 만약 블루칩이 전혀 성장하지 못하더라도 소유주는 투자
금을 3년도 안 되어서 회수할 수 있었다. 블루칩의 직전 5년간
평균 순이익은 710만 달러였으므로 1973년 순이익은 비정상적
으로 우수한 이례적인 실적이 아니라 정상 이익 창출력에 가까
웠다.

기존의 경품권사업은 축소되고 있었지만 사탕 판매는 상
승세를 타는 중이었다. 1976년 씨즈캔디의 매출은 전년 대비
11.6% 증가했다.[141] 씨즈캔디는 견고한 성장의 역사를 써왔고
매장에서 판매가를 인상할 가격 경쟁력도 갖췄다. 당시 블루칩
의 주가가 합당한 공정가치라는 결론을 내리려면 향후 성장하지
않는다는 조건이 필요했지만, 실제로는 시간이 흐르면서 성장할
가능성이 아주 컸다.

1973년 자기자본이익률은 13.4%[142]로 견고했지만, 자산 대
부분이 유가증권으로 구성된 상태에서의 기록이었다. 유가증권
투자수익에서 배당과 이자수익, 유가증권 처분이익만 순이익에
반영된다. 하지만 블루칩이 보유한 일부 주식은 시간이 흐르면
서 주가가 상승했다.

유가증권 평가이익은 매년 순이익에 영향을 미치지는 않더
라도, 이따금 처분하는 시점의 순이익을 끌어올리는 역할을 한
다. 1973년 블루칩의 유가증권 포트폴리오에서 평가손실이 발
생했지만, 버핏과 멍거가 운용을 맡은 후 평가이익이 발생하리

라고 기대하는 것이 합당했다.

같은 기간 주식 거래량도 적었다. 버크셔와 다이버시파이드 리테일링 같은 관계사의 보유주식수가 너무 많았던 사실이 일부 영향을 미쳤을지도 모른다. 거래 빈도가 워낙 낮아서 미국 보험감독자협의회(National Association of Insurance Commissioners, NAIC)의 가치평가 위원회는 버크셔의 보험 자회사가 보유한 블루칩 주식의 평가액을 발표했다.

그에 따르면 1973년 블루칩의 주당 평가액은 7.25달러로서 직전 연도 15.38달러에서 52.9% 하락했다.[143] 주당 7.25달러에서 기업 평가액은 3,750만 달러였다.[144] 1974년 시장이 추가 하락하면서 NAIC는 블루칩의 주당 평가액을 5.25달러(기업 평가액 2,720만 달러)로 하향 조정했다.[145]

버크셔는 연차보고서를 통해 NAIC의 의견에 동의하지 않는다고 밝혔다.

"당사가 보유한 블루칩스탬프 대량 지분에 관한 법정 가치 평가 결과가 공정가치를 반영한다고 생각하지 않는다."
— 버크셔 해서웨이, 1974년 연차보고서

블루칩의 상황은 대부분 올바른 방향으로 흘러갔지만 모든 것이 완벽하지는 않았다. 예컨대 많은 소송에 시달려서 1972년만 해도 11개 소송의 합의금으로 총 190만 달러를 지출했다.[146] 이 시기에 경품권산업은 경쟁사나 슈퍼마켓으로부터 수많은 반독점법 소송을 당했다.

1973년 블루칩의 기존 경품권사업 매출이 급감해 직전 연도 8,870만 달러에서 42.1% 줄어든 5,140만 달러를 기록했다.[147] 경품권 매출이 감소했던 이유 하나는 할인 슈퍼마켓의 부상이다. 유통업에서 일어나는 변화에 맞춰 구매자의 습관도 변화했다.

> "대략 '할인(discounting)'으로 요약할 수 있는 새로운 유형의 슈퍼마켓 프로모션 수단이 등장하면서 경품권은 '참패(licking)'했다. 블루칩스탬프도 예외가 아니었다. 식료품점이 '할인' 단계에 들어서면 제품 가짓수와 규모를 줄이고 영업시간을 단축하며 경품권 발행을 중단하는 것이 일반적이다. 나아가 홍보비를 할인 정책 광고에 사용한다."
>
> — 블루칩스탬프, 1974년 연차보고서

버크셔는 이전에도 블루칩 지분을 보유했지만 바겐세일 시기를 활용해 지분을 더 늘렸다. 1972년 버크셔의 블루칩 지분율은 16.9%였고 이후 꾸준히 상승해 1975년 25.6%, 1979년 60%에 이르렀다. 결국 1983년 블루칩은 버크셔에 흡수 합병되었다.

1970년대 중후반에도 블루칩은 계속해서 확장하고 복리 성장했다. 1980년 순이익은 2,040만 달러로 불과 6년 전의 시가총액 저점과 큰 차이가 없는 수준이었다.[148] 버펄로 이브닝 뉴스와 프리시전 스틸 웨어하우스도 인수했지만, 순이익 증가의 대부분은 씨즈캔디에서 비롯했다. 1980년 블루칩의 세전 영업이익에서 씨즈캔디가 차지하는 비중은 47.1%였다.[149]

부문별 세전 영업이익(손실)*	1978년	1979년	1980년
사탕	12,482,000	12,785,000	15,031,000
신문	(2,913,000)	(4,617,000)	(2,805,000)
제강 서비스 센터	–	3,051,000	2,972,000
프로모션 서비스	2,151,000	2,397,000	7,699,000
웨스코파이낸셜	1,861,000	2,795,000	3,404,000
뮤추얼 세이빙스 지분법이익	6,482,000	6,795,000	5,625,000
세전 영업이익	20,063,000	23,206,000	31,926,000

부문별 비율(%)*	1978년	1979년	1980년
사탕	62.2	55.1	47.1
신문	(14.5)	(19.9)	(8.8)
제강 서비스 센터	–	13.1	9.3
프로모션 서비스	10.7	10.3	24.1
웨스코파이낸셜	9.3	12.0	10.7
뮤추얼 세이빙스 지분법이익	32.3	29.3	17.6
세전 영업이익	100.0	100.0	100.0

* 1979 회계연도부터 뮤추얼 세이빙스를 제외한 모든 자회사를 연결 대상으로 보고했고(이전에는 웨스코 및 웨스코를 통해 지분을 소유한 자회사에 모두 지분법을 적용), 1978년 수치는 연결 기준으로 재계산했다. ― 옮긴이

   1970년대 후반 블루칩의 주가는 대폭 상승했다. 1974년 주가 저점에서 1980년 고점까지 연평균 상승률은 33.1%에 달했다.[150] 1974년 주가가 몹시 낮기도 했고 영업 실적이 훌륭하기도 했다. 하지만 그러한 상승 후에도 블루칩 주식은 여전히 저평가된 상태였다. 시장은 블루칩이 창출하는 가치를 이해하지 못했거나 알아보지 못했던 듯하다.

   1980년 주가는 16.50~25.00달러의 범위를 보였고 시가총액은 8,550만~1억 2,950만 달러였다. 순이익은 2,040만 달러였으므로 이때 블루칩 주식을 매수한 투자자의 최초 이익수익률은 15.7~23.9%였을 것이다. 따라서 주가는 아주 저렴해 보였지만, 당시 10년 만기 국채 수익률이 12.8%였다는 사실을 고려하면 저평가 폭은 다소 줄어든다.[151] 금리가 높을 때는 대개 기업 평가액이 낮아지고 이익수익률이 높아진다.

   하지만 1980년 블루칩의 자기자본 1억 4,550만 달러는 연중 시가총액 고점보다도 높은 수준이었다. 자기자본은 유동성자산에 투입되었고 자산 기반의 56.1%는 유가증권으로 구성되었다. 재무상태표상 유가증권 중 주식은 1억 3,420만 달러에 달했다. 웨스코 주식은 비연결 자회사 투자주식으로서* 취득원가가 2,900만 달러였다. 핑커턴스 B주의 취득원가는 420만 달러였고 유동성이 낮았기에 재무상태표에 별도 표기했다.

   이에 더해 현금과 단기 채권 2,010만 달러도 있었다(총자산의 6.7%). 현금과 유가증권을 합하면 2억 210만 달러에 달했다.[152] 블루칩의 포트폴리오에는 버핏과 멍거가 투자에 활용할 만한 유

* 1978 회계연도까지 지분법 적용 투자주식으로 보고했고 이후 연결 대상으로 보고했다.

동성이 충분했다.

1983년 마침내 블루칩은 버크셔와 합병했다. 두 회사는 20년 가까이 서로 얽혀 있었다. 합병에 그렇게 오랜 시간이 소요된 이유 하나는 시장의 블루칩 저평가였다. 합병 당시 블루칩의 유통 주식수는 517만 9,000주였고 버크셔의 지분율은 60%였으므로 다른 주주가 보유한 주식수는 207만 1,600주였다.

블루칩 주식 1주는 버크셔 주식 0.077주로 교환되었다.[153] 이에 따라 다른 주주가 보유한 블루칩 주식을 교환한 16만 400주만큼 버크셔의 유통주식수가 증가했다. 1984년 버크셔의 주가는 연중 1,220~1,360달러에 거래되었다.[154] 즉 합병을 통해 블루칩은 1984년 4억 8,650만~5억 4,230만 달러로 평가받게 되었다.

THE CONGLOMERATE

버크셔 해서웨이

1967년 내셔널 인뎀너티를 인수한 후 버크셔는 수년간 보험 자회사를 비연결 대상으로 분류해 회계 처리했다. 일반적으로 모회사가 자회사에 상당한 영향력을 행사하지만 지분율이 20~50%일 때 비연결 자회사로 분류한다.

버크셔가 완전 소유한 내셔널 인뎀너티는 재무제표에 완전 연결하는 것이 회계기준에 부합했다. 하지만 보험업은 버크셔가 영위했던 섬유사업과 아주 다른 유형이었기에 연결하지 않기로 했다. 그래도 당시 버크셔 투자자는 10-K 보고서에 동봉된 내셔널 인뎀너티의 전체 재무제표를 볼 수 있었다.

> "본 연차보고서에 버크셔 해서웨이와 캐나다의 비보험 부문 완전 소유 자회사*를 연결한 재무제표를 동봉했다. 버크셔 해서웨이 지분율이 99% 이상인 내셔널 인뎀너티와 지분율이 100%인 내셔널 파이어 앤드 마린은 비연결 대상이다. 기능상 독립된 사업 부문의 지분법손익(유가증권 평가손익 제외)은 버크셔 해서웨이의 손익계산서에 반영된다. 재무상태표상 비연결 자회사 투자주식은 취득원가에 1967년 3월 이후 지분법손익을 더한 값으로 계상한다."
>
> — 버크셔 해서웨이, 1968년 연차보고서

버크셔는 1973년부터 보험 자회사를 연결 대상으로 분류

* 버크셔가 1957년 지분 전량을 취득한 섬유 제조사 본밀즈(Bourne Mills)를 말한다(버크셔 해서웨이, 1956년 연차보고서).

해 재무제표를 작성했다. 이 무렵에는 보험이 버크셔의 가장 중요한 사업 부문이라는 점이 자명했다. 1972년 보험 부문 자산은 섬유 부문 자산의 10배에 이를 정도로 큰 차이가 났다. 같은 기간 섬유 부문은 침체했지만 보험 부문은 빠른 속도로 성장했다.

자산	1970년	1971년	1972년
보험	74,245,955	123,313,932	139,484,449
증감		49,067,977	16,170,517
섬유	15,082,246	13,449,994	12,940,104
증감		(1,632,252)	(509,890)

    보험 부문의 자산 증가는 투하자본과 보험료 매출이 증가하고 오랫동안 누적한 순이익을 내부 유보한 덕분이었다. 보험 부문의 재무상태표는 해당 기간 투하자본의 증감을 잘 보여준다. 모회사(버크셔)는 1970년부터 1972년까지 보험 부문에 추가 자본 1,300만 달러를 투입했다. 다음 버크셔 해서웨이 보험 그룹 재무상태표의 보통주 자본금과 자본잉여금(paid-in surplus) 항목에서 확인할 수 있다.

    버크셔는 380만 달러를 추가 차입해서 확장 자금을 조달했을 뿐 아니라(1971년 1월 은행 차입금—옮긴이) 일리노이 내셔널뱅크 등 다른 기업이 창출한 순이익도 재투자했다. 같은 기간 미처분 이익잉여금의 증가는 대부분 유보이익의 증가 덕분이었다. 미처분 이익잉여금이 1,920만 달러 증가하는 동안[1] 내부 유보한 순이익은 총 1,580만 달러에 달했다.[2]

보험 그룹 자기자본의 증감	1970년	1971년	1972년	계
액면가 10달러 보통주	500,000	500,000	0	1,000,000
액면가 100달러 보통주	0	2,000,000	500,000	2,500,000
자본잉여금	1,500,000	6,000,000	2,000,000	9,500,000
미처분 이익잉여금	1,763,621	9,641,805	7,838,155	19,243,581
계	3,763,621	18,141,805	10,338,155	32,243,581

보험 부문 자산은 1969년부터 1972년까지 총 8,910만 달
러 증가했다. 이익잉여금과 버크셔의 추가 투자 덕분에 보험 그
룹의 자기자본은 총 3,220만 달러 증가했다. 나머지 자산 증가
는 보험료 규모의 증가에서 비롯했다.

보험 그룹의 경과보험료는 1969년 2,530만 달러[3]에서
1972년 5,960만 달러로 증가했다.[4] 경과보험료가 증가하면서
재무상태표상 부채 항목인 미경과보험료와 지급 준비금 및 손해
사정비 준비금 역시 증가했다. 1970년부터 1972년까지 두 항목
은 총 3,690만 달러 증가하면서 보험 그룹의 나머지 자산 증가
자금을 충당할 수 있었다.

매출	1970년	1971년	1972년
경과보험료	39,172,512	60,867,206	59,627,050
증감률(%)		55.4	(2.0)

부채	1970년	1971년	1972년
미경과보험료	17,482,957	25,516,268	23,839,397
증감률(%)		45.9	(6.6)
지급 준비금 및 손해사정비 준비금	29,758,739	52,990,625	60,275,018
증감률(%)		78.1	13.7

버크셔가 보험산업에서 더욱 확장하면서 자금이 그야말로 쏟아져 들어왔다. 1972년 순이익이 1,210만 달러였는데 영업활동 현금흐름은 2,060만 달러였다.[5] 현금흐름이 회계이익보다 훨씬 높았던 이유는 보험 부문에서 창출한 플로트에 있다. 버핏은 플로트의 현금으로 유가증권에 투자했다.

버크셔는 수년간 보험영업이익을 내면서 수익성을 동반한 성장을 달성했다. 경과보험료는 1971년에 전년 대비 55.4% 증가한 후[6] 2년간 비슷한 수준을 유지했다.[7] 1971년부터 1973년까지 보험 그룹의 누적 보험영업이익은 총 900만 달러였고 플로트 투자수익도 견고했다.

	1970년	1971년	1972년	1973년
보험영업이익(손실)	(1,981,481)	1,409,227	4,284,148	3,319,292
투자영업이익	2,870,173	4,973,628	6,755,242	7,282,890
세전 이익	888,692	6,382,855	11,039,390	10,602,182

보험 플로트는 1970년 4,290만 달러[8]였지만 이후 꾸준히
증가해 1979년 2억 3,110만 달러를 기록했다.[9] 같은 기간 플로
트의 연평균 증가율은 20.6%였다. 플로트 활용에 비용이 든 것
은 10년 중 3년에 불과했다. 즉 나머지 7년에는 보험영업이익을
냈다.[10] 버크셔는 7년 동안 플로트를 빌리는 대가로 오히려 돈을
받았고, 나머지 3년 동안도 낮은 이자를 지급했다. 플로트는 아
주 매력적인 자금 원천으로서 회사의 성장을 견인했다.

	1970년	1974년	1979년
지급 준비금 및 손해사정비 준비금	29,758,739	72,761,097	197,698,000
미경과보험료	17,482,957	21,704,867	73,604,000
– 대리점 미수금	4,072,027	9,583,769	20,546,000
– 재보험 회수 가능액	304,400	2,459,093	5,965,000
– 미상각 신계약비	–	4,400,000	13,652,000
총책임준비금	42,865,269	78,023,102	231,139,000
연평균 증감률(%)*		16.2	24.3

* 각 4년 및 5년 전 기준 연평균 증감률—옮긴이

1970년대 초 버크셔의 수익성을 견인한 보험 부문의 성과
에도 변동성이 있었다. 1970년대 중반 수익성이 하락 추세로 전
환하면서 1975년 보험 그룹은 세전 보험영업손실 1,060만 달러
를 기록했다.[11] 보험영업손실이 발생한 것은 손해율이 상승했기
때문이고, 사업비율은 그보다 소폭 상승했다.[12] 버크셔가 보험
계약에 너무 낮은 요율을 책정했다는 뜻이다.

	1971년	1975년	1979년
경과보험료	60,867,000	58,336,000	181,949,000
– 손해액 및 사업비 합계	59,458,000	68,983,000	178,207,000
세전 보험영업이익(손실)	1,409,000	(10,647,000)	3,742,000

	손해율(%)	사업비율(%)	합산비율(%)*
1971년	67.0	30.1	97.1
1972년	62.0	29.7	91.7
1973년	62.0	32.5	94.5
1974년	77.8	32.0	109.8
1975년	81.0	34.4	115.4

* 법정 준비금 포함(손해율에 반영된다—옮긴이)

　　버크셔 보험 그룹의 비용 구조를 보면 사업비율 최저치가 약 30%였다는 점을 알 수 있다. 보험사는 매출을 창출하기 위해 대리점에 수수료와 중개비를 지불해야 한다. 직접 마케팅 방식을 택한 가이코의 사업비율은 버크셔의 절반 수준에 불과했다. 버크셔의 보험영업비용에서 수수료 및 중개비가 차지하는 비율은 1978년 76.7%, 1979년 67.3%였다.[13] 버크셔의 보험사업은 불필요한 비용이 없는 구조였지만, 기존 영업 방식을 고수하는 한 수수료와 중개비를 계속해서 지불해야 했다.

보험영업비용 대비 비율(%)	1978년	1979년
수수료 및 중개비	76.7	67.3
인건비 및 복리후생비	10.6	12.7
세금, 라이선스비, 수수료	7.4	5.9
기타 보험영업비용	11.2	13.7
미상각 신계약비	(6.0)	0.3
보험영업비용	100.0	100.0

주주에게는 다행스럽게도 1974~1975년 보험영업손실*은
그리 큰 문제가 아니었는데, 버크셔는 이미 이익원을 다각화했
기 때문이다. 1975년 일리노이 내셔널뱅크의 순이익만 해도
350만 달러였고 블루칩 지분법이익도 220만 달러였다.[14] 심지
어 섬유 부문도 일시적인 호전에 힘입어 세전 이익 170만 달러
를 기록했다.[15] 한편 1973년부터 1974년까지 주식시장이 대폭
하락하면서 유가증권 포트폴리오 처분손실이 일부 발생했다.[16]

* 197쪽 표에서 1974년과 1975년의 합산비율이 100%를 초과했으므로 보
  험영업손실을 냈음을 알 수 있다. 보험영업손실은 1974년 약 689만 달러,
  1975년 약 1,065만 달러였다. 199쪽 표에서 '보험' 행의 수치는 보험영업
  손익과 보험투자손익을 합한 세전 손익 기준이다.

세전 이익(손실)	1971년	1972년	1973년	1974년	1975년
보험	6,732,000	10,701,000	10,249,000	892,000	(2,327,000)
섬유	233,000	1,697,000	2,837,000	2,660,000	1,715,000
은행	2,192,000	2,700,000	2,782,000	4,093,000	3,450,000
블루칩스탬프	68,000	142,000	1,124,000	1,164,000	2,172,000
이자비용 및 간접비	(648,000)	(770,000)	(1,966,000)	(2,324,000)	(2,268,000)
유가증권 처분이익(손실)	1,028,000	1,359,000	1,331,000	(1,908,000)	(2,888,000)
세전 이익(손실)	9,605,000	15,829,000	16,357,000	4,577,000	(146,000)

"재무제표상 기록은 끔찍했지만, 내재가치의 기록이라 할 수
있는 미래의 실질적인 사업 모멘텀은 계속해서 상승했다."
―《스노볼(The Snowball)》중 찰리 멍거[17]

버크셔와 블루칩의 기초사업은 1970년대 내내 꾸준히 확장
했지만 주가는 변동성을 보였다. 버핏이 1969년 말 버핏파트너
십을 청산한 후 파트너는 출자비율만큼 버크셔 주식을 돌려받았
다. 이후 5년이 지날 때까지 주가는 상승하지 않았지만[18] 버크셔
는 큰 가치를 창출했다.

1969년 말 버크셔의 자기자본은 4,390만 달러였고 유가증권
처분이익 반영 전 영업이익 430만 달러를 기록했다.[19] 1974년 자
기자본은 8,820만 달러, 유가증권 처분이익 반영 전 영업이익은
840만 달러로 증가했다.[20] 1974년의 버크셔는 형편없는 섬유사
업에서 벗어나 상당한 다각화를 이루었고, 1969년과 비교해 내

재가치가 대폭 상승했다.

1972년 버크셔의 재무상태표상 보통주 포트폴리오의 취득원가는 2,870만 달러였는데, 그중 1,130만 달러는 블루칩스탬프 투자였다.[21] 버크셔는 1973년부터 블루칩스탬프 지분을 지분법 적용 투자주식으로 분류해 회계 처리했다. 1972년 말 보통주 포트폴리오의 평가액은 3,180만 달러에 달했다.[22]

앞서 설명했듯 1973년 버크셔는 차입금을 활용해 보험 부문 투하자본을 늘렸다. 보험 부문의 자본 대부분은 보통주에 투자했기에 1973년 버크셔의 보통주 포트폴리오는 6,350만 달러로 증가했다(취득원가 기준). 하지만 같은 해 보통주 포트폴리오의 평가액이 하락하면서 기말 평가손실률이 18.4%에 달했고,[23] 1974년 말 평가손실률이 37%로 악화했다.[24]

같은 기간 전체 시장은 버크셔보다 훨씬 나쁜 실적을 냈다. S&P500지수는 1972년부터 1974년까지 41.9% 하락했다.[25] 시간이 지나 돌아보면 버크셔가 보통주 포트폴리오에 엄청난 가치가 있는 것으로 판명 난 기업 주식을 보유했다는 점이 자명하다. 당시 시장은 일시적인 어려움을 겪었을 뿐이다.

〈보스턴글로브(Boston Globe)〉 신문을 소유한 어필리에이티드 퍼블리케이션(Affiliated Publications) 지분의 평가손실률은 39.2%에 달했다.[26] 자회사인 신문사가 보스턴에서 지배적인 입지를 구축했는데도 주가는 바겐세일 중이었다. 다른 지역의 지배적인 신문사인 워싱턴포스트(The Washington Post) 지분의 평가손실률도 24.7%에 달했다.[27]

당시 침체기에 신문사는 대개 좋은 성과를 올렸는데, 특히 거대 지역을 지배했던 보스턴글로브와 워싱턴포스트는 명실상

부한 세계 최고의 신문사였다. 버크셔가 지배하는 블루칩스탬프 지분 역시 취득원가 대비 평가손실이 59.5%에 달했다.[28] 믿기 힘든 수준의 바겐세일이 진행 중이었다.

> "한 세기에 두세 번은 겪기 마련인, 시장가격이 반토막 나는 하락에 평정심을 갖추고 대응하지 못한다면 보통주 주주가 될 자격이 없다. 그러한 기질이 있고 시장가격의 변동을 철학적으로 접근하는 사람들과 비교해 하찮은 결과를 마주할 것이다."
> ― 찰리 멍거, BBC 인터뷰[29]

워싱턴포스트 컴퍼니

워싱턴포스트는 1877년 워싱턴 D.C.에서 설립되었다. 1933년
유진 마이어(Eugene Meyer)가 인수한 후 그의 일가가 2013년까
지 신문사를 소유했다. 1963년 유진 마이어의 딸인 캐서린 그레
이엄(Katharine Graham)이 경영을 맡았다. 워싱턴포스트 컴퍼니
는 1971년 미국증권거래소(American Stock Exchange)에 상장하기
전까지 비상장기업이었다.[30]

워싱턴포스트는 동명의 신문 발행 외에도 다른 사업을 했다.
상장 당시 〈뉴스위크(Newsweek)〉 잡지와 TV 방송국 세 곳, 라디
오 방송국 두 곳을 소유했는데, 모두 가치 있는 자산이었다.[31]

워싱턴포스트는 몹시 어려운 시기에 상장했다. 1971년 6월
15일에 상장하고 사흘 뒤, 〈워싱턴포스트〉는 "펜타곤 페이퍼
(Pentagon Paper)"를 지면에 폭로했다.[32] 이 결정을 두고 내부에서
도 견해차가 컸다. 이제 상장기업을 경영하게 된 대다수 경영진
은 막 상장한 시점에 그러한 방식으로 언론의 시선을 끌고 싶지
않았다. 1970년대 초 투자자는 그 결정이 불러올 잠재적인 영향
과 관련한 불확실성을 마주했다.

1972년 워터게이트(Watergate) 복합단지에 침입 사건이 발
생했다. 사건을 조사해 폭로한 결과 워싱턴포스트는 정부의 수
사를 받았다. 워싱턴포스트는 플로리다주의 TV 방송국 라이선
스를 보유했는데, 갱신 시점이 코앞이었다. 당시에는 정부가 워
싱턴포스트의 라이선스를 갱신해줄지가 불확실했다.

일반적으로는 기존 TV 방송국이 몇 년마다 라이선스를 갱
신하는 데 아무 문제가 없었다. 이제는 당시 백악관 녹취록 덕분

에, 닉슨(Richard Nixon) 행정부가 워터게이트 사건을 보도한 워싱턴포스트를 두고 라이선스 갱신 건으로 압박을 가했다는 사실이 밝혀졌다.[33] 하지만 1970년대 당시 투자자는 워싱턴포스트의 중요한 매출원을 둘러싼 불확실성을 마주했을 것이다.

이 상장기업은 공개수사에 직면한 데다가 1973~1974년 전체 주식시장도 하락했다. S&P500지수는 1972년 118.05포인트에서 1974년 68.56포인트로 41.9% 하락했다.[34] 이 모든 상황으로 인해 1970년대 워싱턴포스트 주가는 하락했다. 상장 첫해 시가총액은 7,550만~1억 370만 달러의 범위를 보였다.[35] 1972년 주가 고점(주당 38달러)에서 시가총액은 1억 8,080만 달러였다. 직전 연도 순이익은 1,180만 달러였으므로 1972년 시가총액 고점 기준 이익수익률은 6.5%였다.[36]

하지만 1974년 전체 시장이 하락하면서 워싱턴포스트 주가는 14.75달러로 61.2% 하락했고 시가총액도 7,010만 달러로 하락했다.[37] 1973년 순이익은 1,330만 달러였기에 1974년 시가총액 기준 이익수익률은 19%였다.[38]

〈워싱턴포스트〉는 워싱턴 D.C.에서 시장점유율이 가장 높은 신문이었다. 1972년 일간지 발행부수는 52만 3,201부였고 일요판 발행부수는 69만 4,055부였다.[39] 같은 해 2위 신문사의 일간지 발행부수는 39만 1,633부에 불과했다.[40] 신문은 승자독식 유형의 산업이었고, 〈워싱턴포스트〉는 1970년대 초 두 건의 심층 탐사로 전국적인 관심을 받았다. 덕분에 워싱턴 D.C.에서 경쟁사가 〈워싱턴포스트〉를 1위 자리에서 끌어내릴 가능성은 아주 희박했다.

워싱턴포스트는 미국 수도가 아닌 지역의 TV 방송국 라이

선스도 보유했다. 물론 TV 방송국도 경쟁 상황에 놓여 있었지
만, 정부의 라이선스 규제는 곧 신규 진입자의 압력으로부터 어
느 정도 보호받을 수 있다는 뜻이기도 했다. 워싱턴포스트의 잡
지인 〈뉴스위크〉는 다른 사업만큼 강력한 경쟁우위는 없었을는
지 몰라도 누구나 아는 브랜드로서 가치가 있었다. 또한 잡지사
업에서는 구독에 따른 대규모 이연 매출이 발생했기에 운전자본
자금 조달에 큰 도움이 되었다.

버크셔는 1973년 워싱턴포스트에 투자하면서 주당 22.75달
러에 지분을 취득했다. 총 투자액은 1,060만 달러였고 지분율은
거의 10%에 달했다. 워싱턴포스트 투자액은 당시 버크셔 주식
포트폴리오의 17%를 차지했다.[41] 1974년 주가 저점은 14.75달
러였고 버크셔는 그 짧은 기간에 평가손실 35.2%를 기록했다.

버크셔의 평균 매수가에 바탕을 두면 워싱턴포스트의 평가
액은 1억 800만 달러였다.[42] 직전 연도 순이익은 970만 달러였
으므로 버크셔의 매수가 기준 이익수익률은 9%였다.[43] 직전 6년
간 평균 순이익은 760만 달러였는데, 이에 바탕을 둔 버크셔의
매수가 기준 이익수익률은 7%였다.[44]

1973년 10년 만기 국채 수익률은 6.7%였으므로, 워싱턴포
스트가 향후 성장하지 않더라도 기대수익률이 국채 수익률보다
높았다.[45] 시간이 지나 밝혀졌듯이 워싱턴포스트는 이후 엄청난
성장을 달성했다.

매출은 1973년 2억 4,690만 달러[46]에서 1983년 8억 7,770만
달러[47]로 10년간 연평균 13.5% 증가했다. 같은 기간 순이익
은 1,330만 달러에서 6,840만 달러로 연평균 17.8% 증가했다.
1973년 5.4%였던 순이익률은 1983년 7.8%로 상승했다. 10년

간 회사의 모든 사업 부문이 성장했다. 방송 매출은 연평균 15.9%
증가했고, 신문과 잡지 부문 매출은 각 연평균 15.1%, 10.9% 증
가했다.[48]

　워싱턴포스트는 견고한 현금흐름을 활용해 다른 기업을 인
수하고 자사주도 매입했다. 신문 부문에서 1974년 〈트렌튼 타
임스(Trenton Times)〉[49]와 1978년 〈에버렛 헤럴드(Everett Herald)〉
를 인수했다.[50] 1984년 인수한 스탠리 H. 캐플런 에듀케이셔널
센터(Stanley H. Kaplan Educational Centers)는 교육 부문에서 수익
성이 아주 높은 기업으로 성장했다.[51] 또한 케이블TV 분야에도
투자했다.

　같은 기간 상당 규모의 자사주도 매입했다. 유통주식수는
1972년 1,898만 5,312주(1976년과 1978년의 주식 분할 반영 기준)[52]
에서 1985년 1,282만 1,773주로 감소했다.[53] 즉 버크셔처럼 주
식을 계속 보유하는 주주는 추가 자금을 투입하지 않고도 지
분율이 상승했다. 1973년 버크셔의 지분율은 약 10%였지만
1985년에는 13.5%였다.[54]

　워싱턴포스트는 1973년부터 1985년까지 자사주 매입에 총
2억 3,380만 달러를 썼다. 1985년 말 버크셔의 워싱턴포스트
컴퍼니 지분(취득원가 1,060만 달러) 평가액은 2억 520만 달러로 상
승했다.[55] 1985년 버크셔의 자기자본은 19억 달러였으므로 워
싱턴포스트 지분 평가액은 장부가치의 10.9% 수준에 달했다.[56]

네브래스카 퍼니처 마트

버크셔는 이미 1980년대에 다각화된 복합기업으로서의 면모를
완성했다. 완전 소유 자회사는 보험과 사탕·의류·가구 유통, 자
동차 화학제품 제조, 출판 산업에 걸쳐 있었다. 또한 유가증권
포트폴리오에 편입한 일부 소유 자회사는 더 광범위한 산업에
속했다. 버크셔는 계속해서 순이익을 유보했기에 복리의 마법이
작동했다. 1983년 버크셔는 늘어나는 자회사 목록에 또 하나를
편입하기로 했다.

1983년 9월 버크셔는 네브래스카 퍼니처 마트(Nebraska Fur-
niture Mart)를 인수했다.[57] 창업자 로즈 블럼킨(Rose Blumkin)과
그 일가는 지분 10%를 유지했고, 추가로 지분 10%를 되살 수
있는 옵션도 확보했다.[58] 그들이 결국 옵션을 행사하면서 버크셔
의 네브래스카 퍼니처 마트 지분율은 80%가 되었다. 버크셔는
인수가로 5,500만 달러를 지불했고 이에 바탕을 둔 기업 평가액
은 6,875만 달러였다.[59] 1983년 말 버크셔의 재무상태표상 총자
산은 19억 달러, 자기자본은 11억 달러[60]였으므로 이 인수는 당
시 버크셔에서 그리 큰 규모의 거래가 아니었다.

1984년 네브래스카 퍼니처 마트의 지배지분이익은 590만
달러였으므로 버크셔의 인수가 기준 최초 이익수익률은 10.8%
였다.[61] 같은 해 버크셔의 순이익은 1억 4,890만 달러였으므로
네브래스카 퍼니처 마트 지배지분이익은 총순이익의 겨우 4%
수준이었다.[62] 하지만 네브래스카 퍼니처 마트는 견고한 경쟁력
을 갖추어서 버크셔의 이익 창출력을 강화하고 더욱 다각화할
만한 기업이었다.

"당사 경영진이 알기로 네브래스카주 오마하에 있는 네브래
스카 퍼니처 마트 매장은 미국 최대 규모의 단일 가구 매장이
다. 매장 근처에 상당한 규모의 창고 시설이 있기에 오마하로
부터 반경 300마일 이내 상권에 서비스를 제공할 수 있다."

— 버크셔 해서웨이, 1983년 연차보고서

　버크셔가 인수하기 전 네브래스카 퍼니처 마트는 비상장기
업이었기에 확인할 수 있는 재무 데이터가 제한적이다. 그래도
1980년대 버크셔 연차보고서를 통해 대략적인 모습을 엿볼 수
있다. 네브래스카 퍼니처 마트는 가구를 아주 저렴한 가격에 판매
해서 1984년 매출총이익률이 22.2%를 겨우 웃돌 정도였다.[63]

　그렇게 낮은 가격에 판매할 수 있었던 것은 영업비용이 아주
낮았기 때문이다(지은이는 영업비용을, 매출원가를 제외한 판매 및 일반
관리비와 이자비용 등으로 정의했다—옮긴이). 1984년 영업비용 대 매
출 비율은 16.5%였으니 세전 이익률은 겨우 5.7% 수준이었다.
직접 경쟁사 중 규모가 가장 큰 레비츠 퍼니처(Levitz Furniture)의
매출총이익률은 44.4%, 영업비용 대 매출 비율은 35.6%였다.[64]

　네브래스카 퍼니처 마트는 효율적인 운영 덕분에 경쟁사보
다 낮은 가격에 가구를 판매했다. 이익률이 낮기는 했지만 재고
자산 회전율이 상승하면서 높은 투하자본이익률을 올렸다. 나
아가 저비용 구조의 사업을 구축하면 경쟁사가 무너뜨리기 힘든
경쟁우위도 확보할 수 있다. 신규 진입자는 그렇게 낮은 판매가
를 두고 경쟁하기가 불가능하거나 그럴 의향이 없었을 것이다.
즉 버크셔는 향후 수십 년간 지속할 것으로 보이는 현금흐름을
얻었다.

"미국 최대의 독립 가구 전문 유통사인 레비츠 퍼니처는 1984 회계연도 10-K 보고서에서 자사의 판매가가 '상권 내 전통적인 가구 매장이 책정한 판매가보다 낮다'라고 했습니다. 같은 해 레비츠의 매출총이익률은 44.4%였습니다. 평균적으로 고객이 구매한 100달러짜리 상품 매입에 55.60달러를 지출했다는 뜻입니다.

네브래스카 퍼니처 마트의 매출총이익률은 그 절반에도 못 미칩니다. 그렇게 낮은 마크업(mark-up)은 뛰어난 효율성 덕분입니다. 급여와 점유비용, 광고비 등 영업비용은 매출의 16.5%에 불과한데 레비츠는 35.6%였습니다."

— 워런 버핏, 버크셔 해서웨이 1984년 주주 서한

월마트	1984년	총매출 대비 비율(%)
판매액	4,666,909,000	99.2
입점 매장 임대료(rentals from licensed departments)	10,175,000	0.2
기타 수익	25,856,000	0.5
총매출	4,702,940,000	100.0
매출원가	3,418,025,000	72.7
판매 및 일반관리비	892,887,000	19.0
이자비용	4,935,000	0.1
금융리스	29,946,000	0.6
세전 이익	357,147,000	7.6
법인세	160,903,000	3.4
순이익	196,244,000	4.2

월마트(Walmart) 역시 흥미로운 비교 대상이다. 네브래스카 퍼니처 마트보다 더 광범위한 영역의 유통사업을 전개하는데도 아주 효율적인 사업자였고 고객에게 낮은 가격으로 판매했다. 1984년 매출총이익률은 27.3%였고 영업비용 대 매출 비율은 겨우 19.7%였다(영업비용은 왼쪽 표에서 판매 및 일반관리비, 이자비용, 금융리스의 합―옮긴이).[65]

하지만 네브래스카 퍼니처 마트는 두 척도에서 모두 월마트를 앞섰다. 예컨대 네브래스카 퍼니처 마트는 영업비용 대 매출 비율이 월마트보다 3.2%P 낮았는데, 자본 조달 구조에서 원인을 찾을 수 있다. 매장은 직접 소유했고 차입금도 없었다. 월마트는 운용리스 임차료와 이자비용만 해도 매출의 2.1%에 달했다. 월마트는 지금이나 1984년이나 저비용 사업자였다. 그렇기는 하지만 당시 월마트의 저렴한 판매가도 네브래스카 퍼니처 마트를 이길 수는 없었다.

1984년	네브래스카 퍼니처 마트	월마트	레비츠
매출총이익률(%)	22.2*	27.3	44.4
영업비용 대 매출 비율(%)	16.5	19.7	35.6
세전 이익률(%)	5.7	7.6	8.8

* 1984년 주주 서한에서 "22.2%를 넘지 않는다"라고 보고했다.

버크셔 해서웨이

1978년 말 버크셔는 다이버시파이드 리테일링을 흡수 합병했다.[66] 다이버시파이드 리테일링은 의류 유통사인 어소시에이티드 리테일 스토어를 소유했다. 자회사 컬럼비아 인슈어런스와 서던 캐주얼티를 통해 보험업도 영위했다. 나아가 블루칩 지분 16%도 보유했으므로 합병 결과 버크셔의 블루칩 지분율이 상승했다.[67] 이에 따라 1978년 이후 블루칩은 버크셔의 연결 재무제표 작성 대상이 되었다.

> "앞서 언급한 합병 이전에 다이버시파이드 리테일링은 자회사를 통해 블루칩스탬프 유통주식의 약 16%를 보유했고, 당사와 당사의 자회사는 유통주식의 약 41%를 보유했다. 합병 결과 블루칩스탬프는 당사 지분율이 약 58%에 이르는 자회사가 되었다."
>
> — 버크셔 해서웨이, 1978년 연차보고서

1980년대에 씨즈캔디는 버크셔의 핵심 사업 부문으로 자리 매김했다. 1982년 씨즈캔디는 버크셔 총매출의 25%, 세전 영업이익의 절반 이상을 차지했다.[68] 이 사탕 유통사는 버크셔에 인수된 후 상당한 성장을 구가했고, 버크셔와 블루칩에 꽤 많은 현금을 배당으로 지급했다. 버핏과 멍거는 그 현금을 다른 곳에 재투자했다.

버크셔의 성공에 씨즈캔디가 중요하기는 했지만, 보험사업이 여전히 중추적인 역할을 했다. 총매출에서 보험 부문 비율이 가장 높았을 뿐 아니라 중요한 투자수익도 창출했다. 버크셔의 경과보험료는 1967년 2,050만 달러[69]에서 1978년 1억 8,610만 달러로 연평균 22.2% 증가했다.[70]

하지만 1980년대 초반에 성장이 둔화했다. 1984년 경과보험료는 1억 4,020만 달러로 1978년보다 24.6% 감소했다.[71] 보험을 인수할 자본은 충분했지만 업계 전반적으로 보험 인수 수익성이 좋지 않았다.

당시 버크셔의 자기자본은 13억 달러였는데,[72] 다른 보험사라면 자기자본의 2배 정도 되는 보험을 인수하는 것이 관행이었다. 이를 버크셔에 적용한다면 1984년 경과보험료가 26억 달러쯤 되었을 것이다. 하지만 같은 기간 버크셔 보험 그룹의 레버리지 비율은 아주 낮았고, 수익성 있는 보험을 인수할 때가 온다면 규모를 다시 확대할 여력이 있었다.

버크셔의 낮은 레버리지는 보험산업 내에서 독보적인 수준이었고 재무상태표와 손익계산서 모두와 관련 있다. 재무상태표 차원에서 버크셔보다 이익잉여금이 많은 보험사는 없었다. 대다수 보험사는 이익 전부를 사업에 재투자하는 대신 주주에게 배당으로 환원했다. 만약 순이익을 유보하더라도 버크셔만큼 높은 한계 투하자본이익률을 올릴 수 있는 기업은 없었다. 버크셔는 1965년부터 1985년까지 자기자본이 연평균 24.2% 증가하면서 그야말로 자본이 넘쳐났다.

손익계산서 차원에서 이렇게 가용 자본이 많은데도 보험료 규모가 감소하는 상황을 기꺼이 감내할 경영진은 거의 존재하지 않는다. 인내심이 더 강할 뿐 아니라 원칙을 고수하는 버크셔는 보험 부문의 보험료 규모가 줄어드는 기간도 기꺼이 감내했다.

게다가 버크셔는 하나의 산업에만 속하지 않는다. 투자와 관련해서는 기회에 대응하는 방식을 고수한 결과 이익 창출력의 다각화를 이루었다. 버크셔는 보험 그룹의 보험료 매출이 감소하더라도 씨즈캔디를 비롯한 다른 자회사에서 이익을 냈다. 다각화된 이익원 덕분에 더욱 유연하게 대처할 수 있었다.

보험사의 일반적인 비용 구조 역시 버크셔가 매출 감소를 감내할 수 있었던 또 다른 요인이다. 보험사업의 비용은 보험 계약의 손해액과 간접비에서 비롯한다. 계약 판매액이 제로(0)라면 손해액이 발생하지 않고 수수료나 중개비도 지불할 필요가 없다. 버크셔의 수수료 및 중개비를 제외한 보험영업비용은 1978년 1,180만 달러, 1979년 1,890만 달러였다.[73]

1979년 자기자본은 3억 4,500만 달러여서 보험 그룹은 보험료 매출이 없더라도 꽤 오랫동안 버틸 수 있었다.[74] 같은 해 씨즈캔디의 세전 이익 1,280만 달러[75]만으로도 보험 부문의 간접비를 대부분 감당할 수 있었다.

보험영업비용	1978년	1979년
수수료 및 중개비	38,977,000	38,966,000
인건비 및 복리후생비	5,394,000	7,321,000
세금, 라이선스비, 수수료	3,751,000	3,435,000
기타 보험영업비용	5,681,000	7,954,000
미상각 신계약비	(2,994,000)	194,000
보험영업비용	50,809,000	57,870,000

　　투자영업이익은 버크셔의 보험사업에 없어서는 안 될 핵심이었다. 1984년 그 중요성은 어느 때보다 커졌다. 자동차보험 및 일반배상책임보험 부문은 1980년 경과보험료 8,840만 달러를 기록하며 버크셔 보험 그룹을 이끌었다. 같은 해 홈스테이트 부문의 경과보험료는 4,310만 달러였고 재보험 부문은 3,380만 달러였다. 한편 투자영업이익은 3,110만 달러였다.[76]

　　하지만 1984년 상황이 바뀌었다. 보험 하부 부문의 경과 보험료 최대액이 6,400만 달러였는 데 반해 투자영업이익은 6,930만 달러였다.[77] 보험사의 투자영업이익이 보험 계약 판매액보다 높은 것은 이례적인데, 1984년 버크셔가 바로 그런 상황이었다.

부문별 경과보험료	1980년	1982년	1984년
자동차보험 및 일반배상책임보험	88,404,000	69,026,000	64,003,000
종업원 상해보험	19,890,000	15,951,000	22,665,000
홈스테이트 사업부	43,089,000	37,552,000	32,598,000
재보험	33,804,000	27,408,000	16,066,000
구조화 결제(structured settlement)* 및 포트폴리오 재보험**	–	3,008,000	4,910,000
총경과보험료	185,187,000	152,945,000	140,242,000
투자영업이익	31,111,000	41,791,000	69,281,000
보험 부문 매출	216,298,000	194,736,000	209,523,000

* 사전 합의한 일정에 따라 정기적으로 지급하는 보험 계약으로서 연금사업을 포함한다.—옮긴이
** 포트폴리오의 미경과보험료나 미지급 보험금을 이전하는 유형의 재보험 거래를 말한다.—옮긴이

1980년대에 버크셔의 유가증권 평가이익은 규모가 상당했
다. 1980년 평가이익은 잠재 세액 반영 후에도 1억 3,500만 달
러여서, 같은 해 자기자본 3억 9,520만 달러의 34.2%에 달했
다.[78] 1985년 이는 6억 6,470만 달러로 증가했고, 자기자본 18억
달러의 35.3%에 달했다.[79] 세전 기준 평가이익은 9억 2,320만
달러였다. 이 중 가이코 지분 평가이익이 5억 5,020만 달러로 전
체의 59.6%를 차지했고, 또 다른 장기 보유 종목인 워싱턴포스
트 컴퍼니 지분 평가이익이 1억 9,540만 달러로 21.2%를 차지
했다.[80]

주식 포트폴리오, 1985년	취득원가	평가액	평가이익
어필리에이티드 퍼블리케이션	3,516,000	55,710,000	52,194,000
아메리칸 브로드캐스팅 컴퍼니 (American Broadcasting Companies)	54,435,000	108,997,000	54,562,000
비어트리스 컴퍼니 (Beatrice Companies)	106,811,000	108,142,000	1,331,000
가이코	45,713,000	595,950,000	550,237,000
핸디 앤드 하먼(Handy & Harman)	27,318,000	43,718,000	16,400,000
타임(Time, Inc.)	20,385,000	52,669,000	32,284,000
워싱턴포스트 컴퍼니	9,731,000	205,172,000	195,441,000
기타 보통주	7,201,000	27,963,000	20,762,000
총 보통주	275,110,000	1,198,321,000	923,211,000

버크셔의 장부가치는 1980년부터 1985년까지 5년간 총 15억 달러 증가했다. 같은 기간 이익잉여금은 8억 590만 달러 증가했고, 세후 기준 유가증권 평가이익은 5억 2,970만 달러 증가했다. 하지만 유가증권을 매도하기 전까지는 세금을 납부할 필요가 없다. 버크셔는 일부 주식을 수십 년간 보유하기도 했으므로 아주 오랫동안 세금을 이연할 수 있었다.

유가증권에 투자할 현금 확보에서 플로트 증가가 가장 큰 역할을 했다. 플로트는 1980년 2억 3,080만 달러[81]에서 1985년 5억 1,490만 달러[82]로 연평균 17.4% 증가했다. 이렇게 높은 플로트 증가율을 보이는 보험사는 없다. 수익성 있는 보험을 인수한 보험사라고 해도 결국 영업 레버리지가 과도해지기 마련이다.

버크셔는 플로트 투자수익률이 아주 높아서 자본이 넘쳐났고 순이익을 전부 유보했다. 버핏과 멍거가 올린 투자수익률에 근접한 기록을 낼 수 있는 포트폴리오 매니저는 소수다. 배당을 지급하지 않고 순이익을 전부 유보할 수 있는 기업은 극소수다.

	1980년	1985년
지급 준비금 및 손해사정비 준비금	199,128,000	411,305,000
미경과보험료	73,281,000	229,440,000
– 대리점 미수금	21,759,000	74,001,000
– 재보험 회수 가능액	5,665,000	490,000
– 미상각 신계약비	14,163,000	51,368,000
총책임준비금	230,822,000	514,886,000
연평균 증감률(%)		17.4

결론

THE CONCLUSION

저렴한 기업이 아니라 훌륭한 기업에 투자하라

버크셔는 어마어마한 부를 창출했다. 하지만 버크셔에 처음 투자했던 버핏의 결정은 실수였다. 상장기업 버크셔는 전설적인 주가 상승률을 기록했지만, 그렇다고 해서 버핏의 첫 투자 결정이 옳았던 것으로 결론이 바뀌지는 않는다.

1960~1970년대 버크셔는 섬유 외 사업으로 자본을 재배치하면서 엄청난 변화를 겪었다. 하지만 기존의 섬유사업은 계속해서 전체 사업 실적을 깎아내렸다. 버핏이 버크셔의 지배권을 확보했을 당시 모든 자본은 섬유사업에 투입되었다.

1970년 섬유사업 투하자본은 전체의 25%에 불과했고[1] 1978년에는 10% 미만으로 감소했다.[2] 섬유사업은 1970년 적자를 냈지만 1978년 순이익 130만 달러를 기록했다. 1978년 섬유사업 투하자본은 1,700만 달러였으므로 투하자본이익률은 7.6%였다.[3] 이후 1985년에 마침내 섬유사업을 중단했다.[4]

1970년대 섬유 부문의 평균 세전 이익은 130만 달러였고 1980년부터 1985년까지 평균 순손실 110만 달러를 기록했다. 1970년부터 1985년까지 평균 자기자본이익률은 1% 미만이었다. 낮은 수준인 것은 매한가지였지만 1970년대 평균 자기자본이익률이 그나마 더 높았다. 1970년부터 1979년까지 섬유 부문의 평균 자기자본이익률은 약 6%였다.

물론 버크셔는 다른 투자에서 훨씬 훌륭한 이익을 냈다. 1970년대 보험 그룹의 평균 자기자본이익률은 13.6%였고, 특히 일리노이 내셔널뱅크는 1970년부터 1978년까지 평균 15.8%를 기록했다. 버핏이 다이버시파이드 리테일링을 통해 소

유했던 어소시에이티드 리테일의 자기자본이익률은 대개 20%
수준이었다.[5] 버핏은 버크셔를 통하지 않고 이 기업들을 직접 인
수할 수도 있었다. 높은 비율로 자본의 복리 성장을 이뤄내는 그
의 능력 덕분에 시간이 흐르면서 결과는 크게 달라졌을 것이다.

> "재무상태표상 섬유공장과 장비의 장부가액은 현시점 대체
> 원가의 극히 일부에 불과합니다. 장비가 노후하기는 했지
> 만 기능적으로는 현재 업계에서 설치하는 신규 장비와 거
> 의 유사하죠. 하지만 비유동자산의 '저렴한 장부가액(bargain
> cost)'에도 불구하고 판매액 대비 높은 매출채권 및 재고자산
> 투자 요구 수준으로 인해 자본회전율은 상대적으로 낮습니
> 다. 낮은 자본회전율과 낮은 순이익률이 결합하면 자본이익
> 률이 낮아질 수밖에 없습니다."
> — 워런 버핏, 버크셔 해서웨이 1978년 주주 서한

  섬유사업의 자기자본이익률은 이미 낮았지만 그 경제성의
현실은 겉보기보다 더 심각한 상황이었다. 버핏이 1978년 주주
서한을 통해 설명했듯이 재무상태표상 섬유 부문 자산의 장부가
액은 대체원가보다 훨씬 낮았다. 감가상각누계액을 차감했을 뿐
아니라 신규 공장과 장비 관련 지출 규모를 작게 유지하려는 버
크셔의 충실함 때문이었다. 향후 오랫동안 사업을 지속한다면
이 자산을 결국 교체해야 한다. 이에 따라 이미 인상적이지 않았
던 자기자본이익률은 더욱 악화할 가능성이 컸다.
  섬유사업의 자기자본이익률은 현실을 과장해서 보여주었지
만, 보험사업은 정반대였다. 버크셔의 보험 그룹이 보유한 주식

의 평가이익은 규모가 상당했다. 평가이익은 주식을 실제로 매도해 이익을 실현하기 전까지는 보고 순이익에 반영되지 않았다. 덕분에 버크셔는 재무제표상 자기자본이익률보다 훨씬 더 높은 비율로 자기자본의 복리 성장을 이룰 수 있었다.

버핏은 1962년 주당 7.51달러에 버크셔 주식을 처음 매수했지만,[6] 1965년 지배권을 확보하기 위해 추가 매수하면서 평균 매수가는 주당 14.86달러로 상승했다.[7] 또한 이후 몇 년 동안 계속해서 보유 지분을 늘렸다. 1966년 초 버핏파트너십의 버크셔 지분율은 54.3%였다.[8] 내셔널 인뎀너티 인수 후 지분율은 64.7%로 상승했다.[9]

버크셔의 기업 평가액은 1965년 1,690만 달러에서 1985년 31억 달러로 상승했다.[10] 즉 버핏은 1985년까지 버크셔의 나머지 35.3% 지분을 보유한 주주의 부를 11억 달러 늘리는 성과를 올렸다. 평가액 상승은 전부 기존 섬유사업이 아닌 부문에서 비롯했다.

버핏과 버핏파트너십은 저렴해 보였던 버크셔 주식을 매수하는 대신 훌륭한(high quality) 기업에 직접 투자하거나 완전 소유할 수도 있었다. 1960년대 후반 청산 직전의 버핏파트너십이 보유한 자산은 1억 달러가 넘었다.[11] 내셔널 인뎀너티와 일리노이 내셔널뱅크, 어소시에이티드 리테일의 지분 전량을 취득하고도 남을 규모였다. 버핏파트너십은 한때 디즈니[12]와 아메리칸익스프레스[13]의 지분 5%씩을 보유하기도 했다.

특히 아메리칸익스프레스는 깊게 살펴볼 만한 흥미로운 사례다. 1960년대 중반 버핏파트너십은 아메리칸익스프레스 주식을 대량 매수했는데, 처음 투자한 때는 1963년 말경이었다.

아메리칸익스프레스 주식은 결국 버핏파트너십 운용자산의 약 40%를 차지하기에 이르렀다.[14] 하지만 버핏이 아메리칸익스프레스 투자에 활용한 매개체는 버핏파트너십 말고도 더 있었다. 버크셔 해서웨이 역시 이 금융 강자(financial warehouse)의 지분을 보유했다.

아메리칸익스프레스

버크셔 해서웨이는 1967년 연차보고서를 통해 아메리칸익스프레스 투자를 처음 밝혔다(당시 회계연도 종료일은 9월 30일). 당시 버크셔는 주당 71달러에 총 110만 달러를 투자해서 1만 5,000주를 보유했다.[15] 1966년 주가는 66.13~94.50달러에 거래되었지만 1967년에는 89.25달러 아래로 하락하지 않았다.[16]

1967년 이전의 연차보고서상 유가증권 포트폴리오 목록에 아메리칸익스프레스가 존재하지 않았던 것을 볼 때, 1966년 9~12월 중 매수했던 것으로 보인다. 버핏이 버핏파트너십을 통해 주당 약 35달러에 주식을 처음 매수했지만, 3년이 지난 후 2배 가격에도 여전히 매수를 결정했다는 사실이 흥미롭다.[17]

버크셔는 이때 취득한 지분 전량을 1968년 말까지 그대로 보유했다(주식 분할 반영 기준).[18] 아메리칸익스프레스 지분은 취득원가 기준으로 1967년 버크셔 총자산의 2.8%,[19] 시가총액의 4.9~6.1%에 해당했다.[20]

> "교통과 통신 수단이 상대적으로 원시적인 수준에 그쳤던 시대에 뉴욕과 버펄로 간 금과 은, 화폐, 기업 어음, 귀중품 운송을 목적으로 설립된 아메리칸익스프레스는 성장하는 상업과 산업의 기본적인 필요를 충족하는 역할을 했다. 시간이 흘러 새로운 필요도 충족하고 추가 서비스도 개발하면서 101년이 지난 현재 아메리칸익스프레스는 다양한 기업과 개인에게 여행과 금융, 해상운송 서비스를 제공하는 국제적인 네트워크로 발전했다."

— 아메리칸익스프레스, 1951년 연차보고서

1850년 전국에 우편과 물품을 배달하는 운송회사로 시작한 아메리칸익스프레스는 1882년부터 우편환(money order)을 판매 했다.[21] 1891년 여행자수표사업을 시작했고,[22] 이후에도 1958년 시작한 신용카드를 비롯해 여러 사업으로 확장했다.[23]

1960년대 초 아메리칸익스프레스는 모든 면에서 잘 돌아갔 다. 매출과 순이익이 빠르게 증가했고 수십 년간 가치 있는 브랜 드를 구축했다. 아메리칸익스프레스의 상품은 고객과 상점의 신 뢰에 의존했고 시장점유율은 그 신뢰를 입증해 보였다.

1965년까지 아메리칸익스프레스는 미국과 해외에서 총 423개에 이르는 방대한 지점망을 구축했다.[24] 자사 상품을 판매 하는 은행과 공고한 관계를 쌓으면서 8만 4,234개의 추가 판매 경로도 존재했다.[25] 덕분에 브랜드 인지도와 접근성을 제고했지 만 그것이 브랜드 가치의 유일한 동력은 아니었다.

20세기를 통틀어 가장 고통스러웠던 시기를 거치며 아메리 칸익스프레스는 신뢰할 수 있는 브랜드로서 가치를 인정받았다. 제1차 세계대전이 발발했을 때와 1933년 은행 강제 휴업(Bank Holiday) 때, 많은 은행은 예금 인출 사태를 막기 위해 고객 응대 자체를 거부했다. 하지만 아메리칸익스프레스 고객은 계속해서 우편환과 여행자수표를 현금화할 수 있었다.[26]

두 사건 모두에서 아메리칸익스프레스 상품은 미국과 대형 유럽 국가들의 화폐보다 신뢰도가 높은 것으로 판명 났다. 고객 과 상점은 극도의 공포 시기에도 아메리칸익스프레스가 거래를 완료하리라고 확신할 수 있었다. 이는 전 세계 고객의 머릿속에 오랜 기간 영향을 미쳤다.

1950년부터 1965년까지 영업활동 매출(operating revenue)
과 순이익은 매년 증가했다. 영업활동 매출은 1950년 2,360만
달러[27]에서 1965년 1억 4,340만 달러[28]로 연평균 12.8% 증가했
다. 같은 기간 순이익은 300만 달러에서 1,560만 달러로 연평균
11.6% 증가했다. 가장 부진했던 연도의 순이익률도 10.6%였던
만큼 매년 두 자릿수 순이익률을 기록했다.

1950년과 1951년을 제외하고는 매년 두 자릿수 자기자본
이익률을 기록했을 뿐 아니라 꾸준히 상승하는 추세였다. 아메
리칸익스프레스가 견고하고 꾸준한 이익을 내는 기업이라는 증
거다.

1966년 버크셔의 주당 매수가 71달러에 바탕을 두면 아메
리칸익스프레스의 평가액은 3억 3,170만 달러였다.[29] 직전 연도
인 1965년 연차보고서상 순이익 1,560만 달러에 바탕을 두면
투자자의 최초 이익수익률은 4.7%였다.[30] 1966년 말 기준 10년
만기 국채 수익률 4.8%와 거의 비슷했다.[31] 즉 순이익이 과거 수
준을 유지한다면 투자자는 재무부 채권에 투자하든 아메리칸익
스프레스 주식에 투자하든 최초 이익수익률이 비슷했다.

아메리칸익스프레스에 투자한다면 사업 위험도 감수해야
했지만, 회사가 과거 꾸준한 기록처럼 성장한다면 그에 따른 이
득도 누릴 수 있었다.

아메리칸익스프레스에는 여러 사업 부문이 존재했지만, 단
연코 신용카드와 여행자수표 부문이 가장 중요했다. 두 부문은
모두 경제성이 우수했고, 경쟁사와 비교해 지배적인 입지를 구
축했다. 여행자수표사업의 시장점유율은 1920년대 약 50%에

서 1960년대 60%로 상승했다.[32] 1958년 시작한 신용카드사업은 첫 3년간 적자를 냈지만 1962년 흑자 전환했다.[33] 카드 회원 수와 이들이 지출한 총거래액 모두 빠르게 증가했고 1960년대 중반 성장세가 더욱 가속했다.

	카드 회원 수	총거래액	가맹점 수*
1959년	700,000	75,000,000	41,455
1960년	785,000	120,000,000	46,982
1961년	825,000	152,000,000	50,676
1962년	890,000	189,000,000	81,989
1963년	1,020,000	242,000,000	85,000
1964년	1,225,000	344,000,000	121,000
1965년	1,580,000	556,000,000	128,000

증감률(%)	카드 회원 수	총거래액	가맹점 수*
1960년	12.1	60.0	13.3
1961년	5.1	26.7	7.9
1962년	7.9	24.3	61.8
1963년	14.6	28.0	3.7
1964년	20.1	42.1	42.4
1965년	29.0	61.6	5.8

* 아메리칸익스프레스 신용카드의 결제를 받는 가맹점 수

 이러한 성장과 더불어 신용카드사업은 가격 결정력이 있음을 입증했다. 아메리칸익스프레스는 카드 회원에게 연회비를 부과하고 자사 신용카드로 결제된 거래액의 일부를 수수료로 부과했다. 1961년 연회비를 6달러에서 8달러로 올렸는데도 카드 회원이 증가했다.[34] 같은 해 가맹점 수수료도 인상했지만 아메리칸익스프레스 신용카드의 결제를 받는 가맹점 역시 증가했다. 얼마 후 연회비를 10달러로 인상했는데도 카드 회원이 더 빠른 속도로 증가했다.[35] 가격을 인상하는 동시에 모든 척도에서 성장하는 것은 정말이지 놀라운 힘이다.

 1976년 아메리칸익스프레스의 가맹점 수수료율은 3.75%였다.[36] 누군가 신용카드를 긁을 때마다 이 기업의 여러 소유주는 거래액의 일부를 수수료로 받으며 이득을 보았다. 1960년대 가맹점 수수료율이 2~3% 수준이었다면 1965년 수수료 매출은 1,110~1,670만 달러에 달했을 것이다. 여기에 더해 카드 회원 160만 명에게 받는 연회비 매출 1,580만 달러도 있었다.

 여행자수표사업 역시 중요한 부문이었다. 여행자수표는 대부분 은행에서 판매되었다. 고객은 여행할 때나 다량의 현금을 휴대하고 싶지 않을 때 요긴하게 쓸 수 있는 수표를 현금과 교환했다. 아메리칸익스프레스는 분실·도난 수표의 교환을 보장했고, 전 세계 수많은 은행과 사업장이 수표를 받았다.

 여행자수표 부문의 이익원은 플로트 투자수익이었다. 고객이 아메리칸익스프레스에 바로 지급한 현금을 나중에 실제 구매가 일어나기 전까지는 돌려줄 필요가 없다는 점에서 플로트가 발생했다. 이러한 시차는 보험사의 비즈니스 모델과 유사한 효과를 창출했다. 다른 수수료 매출도 있었지만 플로트 투자수익과 비교하면 미미한 수준이었다.

아메리칸익스프레스는 여행자수표를 구매하는 고객에게 낮은 수수료를 부과했지만, 수표를 유통하는 은행에 수수료를 지불해야 했다. 1956년 연차보고서를 보면 여행자수표 구매 고객에게 1% 수수료를 부과했음을 알 수 있다.

> "1956년 5월 1일 당사는 여행자수표의 고객 수수료율을 구매액의 0.75%에서 1%로 인상했다."
> — 아메리칸익스프레스, 1956년 연차보고서

여행자수표의 미결제 기간은 아주 짧았다. 발행한 수표가 현금화되기까지 대개 1~2개월밖에 안 걸렸다.[37] 개별 수표 기준에서 이렇게 짧은 기간 내에 대단한 투자수익을 내는 것은 불가능했다. 하지만 미결제 수표 부채의 총액은 꽤 꾸준하고 안정적이었기에 아메리칸익스프레스는 플로트를 중장기 채권에 투자했다.

재무상태표상 미결제 수표 부채는 수십 년간 계속해서 증가했다. 즉 신규 여행자수표 판매액이 결제된 수표액을 앞섰다. 1965년 아메리칸익스프레스의 미결제 수표 부채는 5억 7,250만 달러였다.[38] 고객에게 이자를 지급하지 않고 이 정도 규모의 자금을 빌린 것이나 다름없었다. 고객은 수표 수수료를 지불했으므로 아메리칸익스프레스는 오히려 이자를 받으면서 자금을 빌렸다.

문제는 고객이 언제든지 수표로 결제함으로써 아메리칸익스프레스가 빌린 자금 전액을 갚으라고 요구할 수 있다는 점이

었다. 하지만 대규모 상환 요구가 발생한 적은 한 번도 없었을뿐
더러 여행자수표 미결제액은 1950년부터 1965년까지 매년 증
가해 연평균 증가율이 7.6%에 달했다.

	미결제 여행자수표 부채	5년 전 대비 증감률(%)	연평균 증감률(%)*
1950년	190,259,532		
1955년	282,832,209	48.7	8.3
1960년	365,525,914	29.2	6.7
1965년	572,457,965	56.6	7.6

* 기준 연도: 1950년

　　버핏은 블루칩뿐 아니라 버크셔의 보험 자회사에서도 기존
관례에서 벗어나 더 공격적인 방식으로 플로트를 투자했다. 버
핏파트너십이 아메리칸익스프레스의 지배권을 확보했더라면 버
크셔와 블루칩과 마찬가지로 플로트를 활용해 다른 기업에 투
자하거나 인수했을 것이다. 무엇보다도 이 시나리오에서는 버
크셔의 섬유사업처럼 전체 실적을 깎아내리는 내부 사업부가 없
었다.

　　아메리칸익스프레스는 재무상태표에 유가증권 내역을 공개
했다. 엄격히 말해서 그 전부를 여행자수표 플로트를 활용해 취
득한 것은 아니지만 자산을 어떻게 투자했는지를 엿볼 수 있다.
1965년 재무상태표상 보통주는 1,550만 달러로서 총 유가증권
투자액의 2.6%를 차지했다.[39]

　　참고로 버크셔에 인수되기 전 내셔널 인뎀너티의 유가증권
포트폴리오 내 주식 비중은 29%였고[40] 1973년 44.8%로 상승

했다.[41] 보험사는 규제 대상이었기에 버크셔의 포트폴리오 내 주식 비중은 자기자본 규모가 결정했다. 버크셔는 자기자본과 비슷한 규모로 보통주에 투자하고, 계약자 자금만큼 채권과 현금을 보유할 때가 많았다.

아메리칸익스프레스는 보험업처럼 규제 대상이 아니었기에 포트폴리오 배분과 관련하여 고려할 사항이 적었다. 1965년 자기자본은 9,380만 달러였는데 주식 투자액은 1,550만 달러에 불과했다.[42] 공격적인 포트폴리오 매니저라면 포트폴리오 내 주식 비중을 대폭 늘렸을 것이다.

버핏이 아메리칸익스프레스의 플로트 5억 7,250만 달러 중에서 25%만 공격적으로 투자하고 나머지는 안전한 단기 채권에 투자했더라도 엄청난 성과를 냈을 것이다. 공격적인 전략을 택한 결과 투자수익률 20%를 달성할 수 있었다고 가정할 때 투자수익은 2,860만 달러였다. 그 원천은 이자를 지급하지 않는 빌린 돈이었다.

일반적인 투자자가 매년 20% 투자수익률을 올린다는 것은 터무니없는 가정이지만, 1966년경 버핏은 이미 그보다 높은 수익률 기록을 가진 투자자였다. 수익률 수준을 다소 하향하더라도 투자수익은 여전히 상당한 규모였다. 1965년 아메리칸익스프레스의 영업활동 매출은 1억 4,340만 달러였기에 버핏이 위 수익률을 실제로 달성했다면 가상의 투자수익은 실로 상당한 규모였을 것이다.

1985년 버크셔 해서웨이의 플로트는 5억 달러를 돌파했다. 하지만 버핏은 20년 전인 1960년대에 아메리칸익스프레스를 통해 더 일찍 그 수준에 도달할 수도 있었다. 나아가 그 시나리오에서 1970년대 초중반 버핏이 아메리칸익스프레스의 플로트를 활용해 투자했을 때의 결과도 아주 흥미로운 주제다. 1973~1974년 주식시장이 하락했으므로 플로트 규모도 아마 감소했을 것이다.

하지만 훌륭한 기업 주식은 터무니없는 가격에 거래되고 있었다. 버핏이 1974년에 그 정도의 플로트를 활용할 수 있었다면 위대한 업적을 더 일찍 달성했을는지도 모른다.

버크셔가 지분을 보유한 몇 년 동안 아메리칸익스프레스 주가는 취득원가의 3.24배 수준으로 상승해 평가이익률 224.3%를 기록했다.[43] 섬유사업에서는 그 어떤 경영자라도 저조한 투하자본이익률을 낼 수밖에 없었지만 버핏은 자본을 훌륭하게 활용했다.

1973년에는 아메리칸익스프레스 주가가 버크셔 취득원가의 거의 10배 수준으로 상승했으나 버크셔는 이 평가이익의 일부를 놓쳤다. 1969년, 일리노이 내셔널뱅크 인수 자금을 충당하기 위해 아메리칸익스프레스 지분을 포함해 유가증권 포트폴리오 일부를 현금화했기 때문이다.

항상 유연하라, 편향을 극복하라

버핏과 멍거는 그들의 경력에 걸쳐 다가온 기회에 놀라울 정도로 열린 태도를 보였다. 버크셔를 경영하는 동안 장기 주주이익을 최우선으로 고려하여 의사를 결정했다. 대다수 기업은 그렇지 않은데, 다가오는 분기마다 목표 이익을 달성하라는 압박이 가해지기 때문이다. 다른 사람과 똑같이 행동해서 실패하는 것이 이례적인 경로를 택했다가 실패하는 것보다 안전하므로 사람들은 관습에 부합하려 한다.

버크셔는 여러 기업의 완전 지배권을 확보했지만, 지배력이 없을 때도 대규모로 투자했다. 재무상태표상 연결 자회사 주식이든, 지분법 적용 투자주식이든, 원가법 적용 투자주식이든 회계 처리 방식에 구애받지 않았다. 인수한 기업의 순이익이 버크셔의 순이익에 반영되는지, 아니면 지분 평가액 상승이 손익계산서에 반영되지 않는지는 중요하지 않았다. 나아가 광범위한 산업에 투자했다.

버핏과 멍거는 몰입 편향(commitment bias)을 훌륭하게 극복했고, 부정적인 상황에서도 사실에 집중했다. 계획대로 일이 진행되지 않을 때 경로를 반대 방향으로 수정하는 데도 주저하지 않았다. 사람들은 어려운 상황을 직면하면 우선 심리적인 부인(否認)부터 한다. 버핏과 멍거는 부인이 더 수월한 여러 상황에서도 이를 극복했다.

버크셔는 섬유산업에서 오랜 역사를 거쳐왔다. 버핏이 인수했을 당시 모든 자본이 섬유사업에 투입되었다. 이후 버핏은 아주 빠른 속도로 버크셔의 향방을 바꾸었다. 물론 (버크셔를 인수하고 나서도—옮긴이) 섬유 부문을 너무 오랫동안 유지했다고 인정한 바 있지만, 적어도 대부분의 투하자본을 생산성이 더 높은 산업으로 재배치하는 데 성공했다.

버핏과 멍거, 고츠먼은 유통업에 속한 기업을 인수하기 위해 다이버시파이드 리테일링을 설립했다. 호크실드콘을 처음 인수하고 몇 년이 지난 후 그 결정이 실수였음을 깨닫고 매각했다. 다이버시파이드는 훌륭한 기업을 하나 인수하기는 했지만(어소시에이티드 리테일) 그것이 전부였다. 설립 후 몇 년 지나지 않아 다이버시파이드는 하나의 유통 자회사와 몇몇 기업 주식을 보유했는데, 블루칩스탬프와 버크셔도 여기에 포함되었다. 놀라운 투자수익을 냈지만, 설립 시점에 처음 택했던 경로는 아니었다.

한동안 웨스코파이낸셜을 소유했지만, 결국 저축대부사업에서 벗어나기로 했다. 웨스코는 본점을 제외한 모든 은행 부문 자산을 매각했다. 웨스코는 이례적으로 많은 자본을 보유했고, 전(前) 저축대부은행은 금융업 외 산업에 속한 여러 기업을 인수했다.

버크셔의 성공

버핏은 1962년 주당 7.51달러에 버크셔 주식을 처음 매수했다. 1985년 주가는 23년 전 주가의 363.5배인 2,730달러가 되었다.[44] 즉 같은 기간 버크셔 주가는 연평균 29.2% 상승했는데, S&P500지수는 배당을 반영하더라도 연평균 상승률이 7.2%에 불과했다.[45] 1962년 버크셔 주식에 투자한 2,750달러는 1985년 말 100만 달러가 되었겠지만, S&P500지수에 투자했다면 1만 3,750달러에 그쳤을 것이다. 1962년 버크셔의 평가액은 1,210만 달러에 불과했지만 1985년 시가총액은 31억 달러였다.

시간이 흐르면서 버크셔 주가가 상승한 것은 기업 내재가치가 정말 상승했기 때문이다. 버핏이 처음 투자한 1962년부터 1985년 말까지 버크셔 주가는 연평균 29.2% 상승했다. 같은 기간 버크셔의 재무상태표상 자기자본은 연평균 19% 증가했다.

하지만 1962년 장부가치보다 낮은 주가에 거래되다가 1985년 프리미엄이 붙은 주가에 거래되었던 시장 상황도 한몫했다. 1962년 버핏은 장부가치의 37.2% 가격에 버크셔 주식을 매수했지만, 1985년 주가는 장부가치의 166.1% 수준이었다.[46] 1962년과 1985년의 버크셔가 얼마나 다른지를 생각해보면 이러한 변화에는 일리가 있다. 버크셔는 자기자본이익률이 저조한 하락세의 기업에서 자기자본이익률이 높고 성장하는 다각화된 기업으로 변모했다.

1962년부터 1985년까지 자기자본은 연평균 19% 증가했고 총 증가액은 약 18억 달러였다. 높은 자기자본이익률을 내는 동시에 사실상 순이익 전부를 유보한 것이 주효했고 유가증권 포트폴리오 평가이익도 기여했다.

버핏이 투자한 후 몇 년간 버크셔의 순이익률은 저조했다. 1962년과 1963년에는 적자를 기록했고 1964년 자기자본이익률은 0.8%에 불과했다.[47] 하지만 시간이 흐르면서 자기자본이익률이 상승했다. 1965~1969년 평균 자기자본이익률은 10%가 조금 넘었지만 1970~1975년 평균 13.4%, 1976~1985년 평균 20.4%로 상승했다(매년 초 자기자본 장부가액 기준). 전체 사업에서 섬유 부문의 비중이 줄면서 자기자본이익률이 상승했는데, 버크셔의 자기자본이 빠른 속도로 증가했다는 사실을 고려하면 더욱 인상적인 성과였다.

버크셔는 소액 배당을 지급한 1967년[48]을 제외하면 순이익 전부를 사업에 재투자했다. 매년 배당을 지급했다면 버크셔는 지금보다 규모가 작았을 것이고 주주의 부도 대폭 줄었을 것이다. 사업 재투자의 한계 자기자본이익률은 그만큼 높았다. 1962년부터 1985년까지 버크셔의 자기자본은 총 18억 달러 증가했고 같은 기간 누적 순이익은 총 11억 달러였다. 즉 내부 유보한 순이익이 자기자본 증가액의 58.9%를 차지했다.

유가증권 포트폴리오의 평가이익도 규모가 상당했다. 당시 회계기준에 따라 유가증권 평가이익은 유가증권을 매도해서 이익을 실현한 후에야 손익계산서에 등장했다. 1980년대 보험 그룹이 보유한 주식은 재무상태표에 공정가치로 보고했다. 즉 유가증권 평가이익은 보고 순이익에는 영향을 미치지 않았지만 재무상태표상 자기자본의 증가를 낳았다(자본 항목의 기타포괄손익누계액 등—옮긴이). 모회사나 비보험 자회사가 보유한 주식은 취득원가와 공정가치 중 낮은 금액으로 보고했다.

　　1985년 버크셔 유가증권 포트폴리오의 평가이익은 6억 6,470만 달러였다(잠재 세액 반영 기준).[49] 일정 기간 내 자기자본 증감은 유가증권 포트폴리오 평가이익에 유보이익을 더한 후 자사주 매입액을 빼서 계산할 수 있다.

　　버크셔의 내재가치가 상승하면서 버핏의 개인 순자산도 증가했다. 버핏은 이 기간에 대부분 연간 급여로 기본급 5만 달러와 퇴직연금 1만 8,000달러가량만 받았다. 섬유 부문 수장이었던 케네스 체이스(Kenneth Chace)만 해도 1974년 기본급 7만 9,576달러에 퇴직연금 3만 5,000달러를 받았다.[50]

　　1982년 버핏의 기본급은 연 10만 달러로 인상되었다.[51] 버핏은 스톡옵션을 받은 적이 없고, 공개시장에서 개인 자금으로 주식을 매수했다. 그의 부는 다른 모든 버크셔 주주의 부에 비례해서 증가했다. 버핏은 자기가 경영하는 기업과 개인의 성과를 연동하는 '스킨 인 더 게임(skin in the game)'을 최대한 실천했다.

　　버핏파트너십이 청산되고 1년 후인 1971년, 버핏과 그의 가족은 버크셔 지분 40.3%를 소유했다.[52] 2006년 버핏은 거액의 재산을 자선 기부하겠다고 발표했다.[53] 당시 그는 버크셔 해서웨이 A주 49만 8,320주를 보유해[54] 지분율이 32.3%에 달했다.[55] 2019년 말까지 기업 인수 거래에 따른 희석 효과로 지분율은 소폭 하락했지만, 지분 평가액은 경이로운 수준인 1,692억 달러에 달했다. 버핏이 버크셔 주식을 기부하지 않았다면 2019년 말 세계 1위 부자로 등극했을 것이다.

　　버크셔는 일반적인 수준보다 낮은 위험을 감수하고도 그토록 뛰어난 실적을 달성했다. 위험(risk)은 아주 복잡한 주제이고 측정하기가 쉽지 않다. 기업에서 가장 흔한 위험은 레버리지와

관련된 문제에서 비롯한다. 레버리지는 이익을 확대하는 동시에
손실도 확대한다.

이는 재무 레버리지와 영업 레버리지로 구분할 수 있다. 재
무 레버리지는 부채의 형태를 띠고, 보험사의 영업 레버리지는
경과보험료 대 자기자본 비율*로 측정할 수 있다. 버크셔는 두
유형의 레버리지가 과도하지 않도록 주의했다.

영업 레버리지	경과보험료	버크셔 자기자본	경과보험료 대 자기자본 비율(%)
1970년	39,172,512	48,483,333	80.8
1975년	58,335,706	92,890,192	62.8
1980년	185,187,000	395,214,000	46.9
1985년	317,059,000	1,885,330,000	16.8

보험사의 원수보험료가 자기자본보다 큰 상황은 흔하다. 보
험료가 자기자본의 두세 배에 달하지만 별다른 위험 요소가 없
을 때도 있다. 버크셔가 내셔널 인뎀너티를 인수한 1967년부터
1985년까지 경과보험료가 모회사(버크셔)의 자기자본보다 컸던
것은 1년뿐이었다(1971년으로서 경과보험료 대 자기자본 비율이 108.4%
였다[56]).

1984년 경과보험료 대 자기자본 비율은 겨우 11%였다.[57]
같은 해 아메리칸 인터내셔널 그룹(American International Group,
AIG)은 이 비율이 83.5%였다.[58] 1969년부터 1985년까지 버크

---

* 앞서 107쪽 '가이코' 섹션에서 다뤘던 '원수보험료 대 계약자 잉여금 비율'
과 같은 의미다.

셔의 경과보험료 대 자기자본 비율 평균값은 50%에 가까웠다.
버크셔는 특히 대부분의 자기자본을 보험 외 산업에 속한 기업
에 투자했는데도 여전히 레버리지가 낮았다. 필요시 보험사업의
발생손해액을 감당할 자기자본이 충분했다는 뜻이다.

재무 레버리지	이자부 부채	버크셔 자기자본	이자부 부채비율(%)
1970년	7,391,300	48,483,333	15.2
1975년	24,108,300	92,890,192	26.0
1980년	104,344,000	395,214,000	26.4
1985년	117,879,000	1,885,330,000	6.3

또한 버크셔는 과도한 재무 레버리지에 따른 부담도 기피
했다. 1969년부터 1985년까지 이자부 부채비율의 최댓값은
1977년 36.9%였고[59] 평균값은 20% 미만이었다. 1985년에는
6.3%에 불과했다.[60] 부채가 적은 기업은 경기 침체기에 걱정거
리가 줄어든다. 반대로 생각하면 버크셔는 레버리지를 늘리고
필요시 추가 유동성을 조달할 여력이 충분했다. 낮은 재무 레버
리지는 오랫동안 버크셔가 유연한 관점을 유지할 수 있었던 동
력이다.

다음 표는 앞서 다뤘던 1965년 포천 500대 기업[61] 중 상위
10개 기업과 버크셔의 2019년 실적을 보여준다. 1965년 2위를
차지했던 스탠더드오일 오브 뉴저지는 이후 엑슨(Exxon)으로 사
명을 변경했다. 5위였던 스탠더드오일 오브 뉴욕(Standard Oil of
New York, Socony)은 모빌로 사명을 변경했고, 두 회사는 합병해

현재의 엑슨모빌(ExxonMobil)이 되었다. 크라이슬러는 파산 보호 신청 후 피아트(Fiat)에 인수되었다. 텍사코와 걸프오일은 현재 세브론(Chevron)의 일부가 되었다.

2019년	매출	순이익(손실)*
제너럴모터스	137,237,000,000	6,732,000,000
스탠더드오일 오브 뉴저지(현 엑슨모빌)	264,938,000,000	14,340,000,000
포드 모터	155,900,000,000	47,000,000
제너럴일렉트릭	95,214,000,000	(5,439,000,000)
모빌	(엑슨과 합병)	–
크라이슬러(현 피아트 크라이슬러)	108,187,000,000	6,622,000,000
US스틸	12,937,000,000	(630,000,000)
텍사코(현 세브론)	139,865,000,000	2,924,000,000
IBM	77,147,000,000	9,431,000,000
걸프오일	(세브론과 합병)	–
버크셔 해서웨이	256,100,000,000	81,417,000,000

* 유가증권 평가손익 반영

버크셔의 2019년 순이익은 1965년 상위 10개 기업의 2019년 순이익을 모두 앞섰고, 2019년 매출 기준에서도 엑슨모빌을 제외하고는 모두를 앞섰다. 버크셔의 2019년 순이익은 814억 달러였고, 2위는 순이익 143억 달러를 기록한 엑슨모빌이었다.

하지만 버크셔의 2019년 보고 순이익은 진정한 수익성을 보여주는 척도가 아니다. 2019년은 유가증권 평가손익을 순이익에 반영하는 것으로 회계기준이 변경된 두 번째 해였다. 같은 해 버크셔의 유가증권 평가이익은 537억 달러였다.

　유가증권 평가액의 변동은 오랫동안 버크셔에 유의미한 영향을 미쳤지만 연도별 변동은 그리 중요하지 않다. 유가증권 평가이익 효과를 제외한다면 2019년 순이익은 277억 달러였다. 보고 순이익보다 훨씬 낮은 수준이지만, 1965년 2위 기업이었던 엑슨모빌의 2019년 순이익의 2배에 달했다.

> "버크셔에 우호적이지만 관찰력이 예리한 어느 평론가가 이렇게 지적했습니다. 1964년 말 버크셔의 주당 장부가치는 당시 가격으로 대략 금 0.5온스를 살 정도였는데, 지난 15년간 회사가 피와 땀, 눈물이 서린 순이익을 전부 내부 유보했는데도 현재 장부가치가 여전히 금 0.5온스에 해당한다고요.* 중동의 석유를 두고도 비슷한 논리로 비유할 수 있습니다. 문제는 정부가 돈을 찍어내고 공수표를 날리는 데는 탁월했지만, 금이나 석유를 실제로 만들지는 못한다는 것입니다."
>
> — 워런 버핏, 버크셔 해서웨이 1979년 주주 서한

* 　1964년과 1979년 버크셔의 주당 장부가치와 온스당 금 가격은 다음과 같았다.

버크셔 해서웨이	1964년	1979년
장부가치	22,183,753	344,962,000
유통주식수	1,137,778	1,027,145
주당 장부가치	19.50	335.85
온스당 금 가격(인플레이션 미조정 기준, 연도 말)	35.31	677.97
주당 장부가치 대 온스당 금 가격 비율(배)	0.552	0.495

위 기간 버크셔는 막대한 가치를 창출했지만, 금 역시 가격 상승률 면에서 한동안 치열한 경쟁 상대였다. 1965년부터 1980년까지 버크셔의 자기자본은 연평균 20.4% 증가했는데, 같은 기간 금 가격은 연평균 20.7% 상승했다. 이 시기에 해결하기가 어려운 과제였던 인플레이션이 금 가격의 상승을 낳았다.

1965년 4.6%[62]였던 10년 만기 국채 수익률은 1980년 12.8%로 상승했다.[63] 1965년 인플레이션율은 1.6%였지만 1980년 13.5%로 상승했다. 인플레이션율 측정의 바탕이 되는 소비자물가지수는 1965년 31.5포인트에서 1980년 82.4포인트로 연평균 6.6% 상승했다.[64]

1965년부터 1980년까지 버크셔 자기자본의 명목 연평균 증가율은 20.4%였지만 실질 기준으로는 13.8% 수준이었다. 다른 투자자의 상황은 더 심각했다. 같은 기간 S&P500지수는 배당을 반영하더라도 연평균 상승률이 5.1%에 불과했다.[65] 즉 S&P500지수에 투자한 사람은 인플레이션으로 인해 실질 구매력 기준에서 연평균 1.5% 손실을 냈다.

금 가격의 1965~1980년 상승률을 확인하고 싶은 마음이 굴뚝같겠지만 원자재는 이 시기에 이례적인 호황기를 겪었다. 폴 볼커(Paul Volcker)가 연방준비제도이사회 의장으로 취임하면서 1980년대 초 인플레이션이 극적으로 꺾였다. 1980년 13.5%였던 인플레이션율은 1985년 3.5%로 하락했다.[66] 5년간 금 가격은 45% 하락했지만 버크셔의 자기자본은 높은 비율로 복리 성장을 지속했다.

버핏이 지배권을 확보한 후 첫 15년간 금 가격 상승률은 버크셔의 자기자본 증가율을 소폭 앞섰지만 이후 5년간 전세가 완

전히 역전되었다. 1965년부터 1985년까지 20년간 버크셔 자기
자본은 연평균 24.2% 증가했지만 금 가격은 연평균 11.7% 상
승했다. 20년에 이르는 보유 기간의 최종 실적을 단 5년이 모
두 바꾸어놓았다. 20년 기준에서 버크셔는 금의 실적을 대폭 앞
섰다.

　　20년간 금은 버크셔에 크게 뒤처졌을 뿐 아니라 사회에 아
무런 도움이 되지 않았다. 1985년 말 버크셔는 완전 소유 자회
사를 통해 총 5,120명의 종업원을 고용했다. 버크셔의 일부 소
유 회사가 고용한 종업원은 포함하지 않은 수치다. 버크셔의 자
기자본은 고용뿐 아니라 소비자가 원하는 제품과 서비스를 제공
하는 자금으로도 쓰였다. 이 사회에 속한 사람은 버크셔의 공헌
에 고마운 마음을 품어야만 할 것이다.

주석

들어가며

1. Carol J. Loomis, 《Tap Dancing to Work》(New York: Penguin Group, 2012), 196.

프롤로그

1. 블루칩스탬프, 1974년 연차보고서, 5.
2. 찰리 멍거, 블루칩스탬프 1982년 주주 서한, 1983년 2월 17일.
3. 《무디스 산업 매뉴얼(Moody's Industrial Manual)》(New York: Moody's Investors Service, Inc, 1965), 296.
4. https://archive.fortune.com/magazines/fortune/fortune500_archive/full/1965/
5. 버크셔 해서웨이, 1965년 연차보고서, 8.
6. 제너럴일렉트릭, 1965년 연차보고서, 30.
7. 《무디스 산업 매뉴얼》(1966), 92.
8. 워런 버핏, 버크셔 해서웨이 2019년 주주 서한, 2020년 2월 22일.

1장. 섬유공장: 1955-1962년

1. 버크셔 해서웨이, 1955년 연차보고서, 2.
2. 같은 글, 6.
3. 같은 글, 7.
4. 같은 글, 9.
5. Roger Lowenstein, 《Buffett: The Making of an American Capitalist》(New York: Random House, 1995), 126.
6. 버크셔 해서웨이, 1955년 연차보고서, 7.
7. 같은 글.
8. 버크셔 해서웨이, 1955~1961년 연차보고서.
9. 같은 글.
10. 같은 글.
11. 같은 글.
12. 같은 글.
13. 버크셔 해서웨이, 1959~1961년 연차보고서.
14. 버크셔 해서웨이, 1955년 연차보고서, 3.
15. 《무디스 산업 매뉴얼》(1960), 84.
16. 버크셔 해서웨이, 1956년 연차보고서, 6~7.
17. 《무디스 산업 매뉴얼》(1960), 84.

2장. 투자: 1962-1965년

1. Alice Schroeder,《The Snowball: Warren Buffett and the Business of Life》(New York: Bantam, 2008), 271.
2. 버크셔 해서웨이, 1962년 연차보고서, 7.
3. 같은 글, 9.
4. 같은 글, 8.
5. 버크셔 해서웨이, 1956~1962년 연차보고서.
6. 워런 버핏과 찰리 멍거의 주주 서한을 직접 인용한 경우 두 사람의 허락을 받아 수록했다.
7. Schroeder,《The Snowball》, 272~273.
8. 버크셔 해서웨이, 1965년 10-K 보고서, 1.
9. 같은 글.
10. 워런 버핏, 버핏파트너십 1965년 투자자 서한, 1966년 1월 20일, 6.

3장. 전환: 1965-1967년

1. 버크셔 해서웨이, 1965년 연차보고서, 8.
2. 같은 글, 3.
3. 같은 글, 8.
4. 같은 글.
5. 같은 글.
6. 버크셔 해서웨이, 1962~1965년 연차보고서(1962년 140만 달러, 1963년 150만 달러, 1964년 300만 달러, 1965년 30만 달러—옮긴이).
7. 버크셔 해서웨이, 1966년 연차보고서, 6.
8. 버크셔 해서웨이, 1965년 연차보고서, 9.
9. 같은 글, 6.
10. 같은 글, 8.
11. 같은 글, 7.
12. 같은 글, 6.
13. 버크셔 해서웨이, 1966년 10-K 보고서, 6.
14. 버크셔 해서웨이, 1965년 연차보고서, 4.
15. 버크셔 해서웨이, 1964년 연차보고서, 7.
16. 버크셔 해서웨이, 1965년 연차보고서, 7.
17. 버크셔 해서웨이, 1966년 10-K 보고서, 11.
18. 버크셔 해서웨이, 1967년 10-K 보고서, 15.
19. 워런 버핏, 버크셔 해서웨이 1985년 주주 서한, 1986년 3월 4일.
20. 버크셔 해서웨이, 2019년 10-K 보고서, K-1.
21. 같은 글, K-70.
22. 워런 버핏, 버크셔 해서웨이 2019년 주주 서한, 2020년 2월 22일.

23. 버크셔 해서웨이, 1965년 연차보고서, 6.
24. 버크셔 해서웨이, 1966년 10-K 보고서, 6.
25. 버크셔 해서웨이, 1967년 10-K 보고서, 15.
26. 버크셔 해서웨이, 1965~1967년 연차보고서.
27. 버크셔 해서웨이, 1967년 10-K 보고서, 12.
28. 《무디스 산업 매뉴얼》(1968), 438.
29. 같은 책.
30. 같은 책.
31. 《무디스 산업 매뉴얼》(1969), 839.
32. 버크셔 해서웨이, 1967년 10-K 보고서, 9.
33. 버크셔 해서웨이, 1965~1969년 10-K 보고서.
34. 《무디스 산업 매뉴얼》(1968), 437~438.
35. 버크셔 해서웨이, 1967년 10-K 보고서, 8.
36. 버크셔 해서웨이, 1966년 10-K 보고서, 6.
37. 같은 글, 11.
38. 버크셔 해서웨이, 1968년 10-K 보고서, 14.
39. 1967년과 1968년 섬유 제품 순매출에서 매출원가와 판매 및 일반관리비를 빼서 계산했다.
40. 버크셔 해서웨이, 1967~1968년 10-K 보고서.

4장. 인수: 1967–1969년

1. 《무디스 은행 및 금융업 매뉴얼(Moody's Bank & Finance Manual)》(New York: Moody's Investors Service, Inc, 1965), 1482.
2. 같은 책.
3. 《무디스 은행 및 금융업 매뉴얼》(1956).
4. 버크셔 해서웨이, 1955년 연차보고서, 9.
5. 같은 글, 7.
6. 《무디스 은행 및 금융업 매뉴얼》(1956).
7. 《무디스 은행 및 금융업 매뉴얼》(1956, 1961, 1966).
8. 같은 책.
9. 《무디스 은행 및 금융업 매뉴얼》(1966), 1475.
10. 애스워드 다모다란(Aswath Damodaran)의 주식과 채권 수익률 비교 표(New York University, 2019년 1월 5일). http://pages.stern.nyu.edu/~adamodar/New_Home_Page/datafile/histretSPX.html
11. 워런 버핏, 버크셔 해서웨이 2017년 주주 서한, 2018년 2월 24일, 6.
12. 《무디스 은행 및 금융업 매뉴얼》(1967), 1513.
13. 버크셔 해서웨이, 1967년 10-K 보고서, 31.
14. 《무디스 은행 및 금융업 매뉴얼》(1967), 1513.
15. 내가 1966년 내셔널 인뎀너티의 재무상태표를 사용해 계산한 플로트 1,561만 9,638달

러에 바탕을 두고 계산했다.

16. 버크셔 해서웨이, 1966~1967년 10-K 보고서.
17. 버크셔 해서웨이, 1967년 10-K 보고서, 10.
18. 같은 글, 17.
19. 《베스트 인슈어런스 리포트: 손해보험(Best's Insurance Reports. Fire and Casu-alty)》(Morristown, NJ: A.M.Best Co., 1965), ix.
20. 《무디스 은행 및 금융업 매뉴얼》(1965), 1482.
21. https://www.naic.org/documents/web_market_share_property_casualty. pdf?17
22. 버크셔 해서웨이, 1968년 연차보고서, 4.
23. 버크셔 해서웨이, 1969년 10-K 보고서, 16.
24. 같은 글, 7.
25. 버크셔 해서웨이, 1972년 연차보고서, 5.
26. 워런 버핏, 버핏파트너십 1969년 투자자 서한, 1969년 12월 26일, 2.
27. 버크셔 해서웨이, 1969년 10-K 보고서, 7.
28. https://www.omaha.com/money/newspaperman-omaha-native-stan-ford-lipsey-had-ear-and-trust-of/article_29c72a99-fe97-572e-976b-a2c8d794475d.html
29. 워런 버핏, 버크셔 해서웨이 1973년 주주 서한, 1974년 3월 29일, 3.
30. 버크셔 해서웨이, 1969년 10-K 보고서, 43.
31. 《무디스 은행 및 금융업 매뉴얼》(1961).
32. 《무디스 은행 및 금융업 매뉴얼》(1965), 304.
33. 《무디스 은행 및 금융업 매뉴얼》(1945), 173.
34. 《무디스 은행 및 금융업 매뉴얼》(1948), 44.
35. 《무디스 은행 및 금융업 매뉴얼》(1945), 173.
36. 버크셔 해서웨이, 1969년 10-K 보고서, 44.
37. https://www.usinflationcalculator.com/
38. 뱅크 오브 아메리카, 2019년 10-K 보고서, 22, 90.
39. 컬런프로스트 뱅커스, 2019년 10-K 보고서, 5, 71.
40. 웰스파고 앤드 컴퍼니, 2019년 10-K 보고서, 6, 123.
41. 웰스파고 뱅크, 1968년 연차보고서.
42. http://pages.stern.nyu.edu/~adamodar/New_Home_Page/datafile/his-tretSPX.html
43. 버크셔 해서웨이, 1970년 10-K 보고서, 49.
44. 버크셔 해서웨이, 1968년 10-K 보고서, 7.
45. 같은 글, 14.
46. 버크셔 해서웨이 1970년 10-K 보고서, 12.
47. 버크셔 해서웨이, 1969년 10-K 보고서, 43.
48. 버크셔 해서웨이, 1973년 10-K 보고서, F-22.
49. 버크셔 해서웨이, 1978년 10-K 보고서, F-102.

50. 버크셔 해서웨이, 1969년 10-K 보고서, 43.
51. 버크셔 해서웨이, 1978년 10-K 보고서, F-102.
52. 워런 버핏, 버크셔 해서웨이 1980년 주주 서한, 1981년 2월 27일.
53. Lowenstein, 《Buffett》, 130.
54. 버크셔 해서웨이, 1964년 연차보고서, 7.
55. 《무디스 산업 매뉴얼》(1970).
56. 버크셔 해서웨이, 1968년 10-K 보고서, 2.
57. 버크셔 해서웨이, 1962년 연차보고서, 8.
58. 버크셔 해서웨이, 1969년 10-K 보고서, 8.
59. 버크셔 해서웨이, 1965~1969년 10-K 보고서.
60. 버크셔 해서웨이, 1962년 연차보고서, 8.
61. 버크셔 해서웨이, 1965년 10-K 보고서, 6~7.
62. 버크셔 해서웨이, 1969년 10-K 보고서, 7~8.
63. 《무디스 산업 매뉴얼》(1970).
64. 버크셔 해서웨이, 1969년 10-K 보고서, 8.

5장. 확장: 1970년대

1.   버크셔 해서웨이, 1973년 10-K 보고서, 7.
2.   버크셔 해서웨이, 1965년 10-K 보고서, 7.
3.   버크셔 해서웨이, 1973년 10-K 보고서, 1.
4.   같은 글.
5.   버크셔 해서웨이, 1967년 10-K 보고서, 23, 31.
6.   버크셔 해서웨이, 1973년 10-K 보고서, F-2.
7.   버크셔 해서웨이, 1965년 10-K 보고서, 6.
8.   버크셔 해서웨이, 1970년 10-K 보고서, 9.
9.   버크셔 해서웨이, 1974년 10-K 보고서, F-9, F-10.
10. 버크셔 해서웨이, 1965년 10-K 보고서, 7.
11. 버크셔 해서웨이, 1967년 10-K 보고서, 12.
12. 버크셔 해서웨이, 1969년 10-K 보고서, 7.
13. 버크셔 해서웨이, 1973년 10-K 보고서, F-2.
14. 같은 글, F-12.
15. 같은 글, F-2.
16. 1973년 EBIT 1,780만 달러는 '법인세 차감 전 보험 및 섬유사업 영업이익'(11,119,708
     달러—옮긴이)에 이자비용(1,606,313달러—옮긴이)과 세전 유가증권 처분이익(세후 유
     가증권 처분이익 929,851+세금 401,699=1,331,550달러—옮긴이), 비연결 자회사
     지분법이익(일리노이 내셔널뱅크 2,781,900+블루칩스탬프 1,008,000=3,789,900달
     러—옮긴이)을 다시 더해서 계산했다(합산하면 17,847,471달러—옮긴이).
17. 버크셔 해서웨이, 1973년 10-K 보고서, F-3.

18.   버크셔 해서웨이, 1971년 연차보고서, 15.

19.   《베스트 인슈어런스 리포트: 손해보험》(1965), 536.

20.   워런 버핏, 버크셔 해서웨이 1971년 주주 서한, 1972년 3월 13일, 2.

21.   총인수가를 1967년 내셔널 인뎀너티와 내셔널 파이어 앤드 마린의 원수보험료 합계로 나눠 계산했다.

22.   버크셔 해서웨이, 1971년 연차보고서, 15.

23.   버크셔 해서웨이, 1973년 10-K 보고서, 1.

24.   같은 글, 2.

25.   버크셔 해서웨이, 1974년 10-K 보고서, 2.

26.   같은 글.

27.   같은 글.

28.   같은 글, 9.

29.   버크셔 해서웨이, 1976년 10-K 보고서, 6.

30.   같은 글, 7.

31.   버크셔 해서웨이, 1985년 10-K 보고서, 24.

32.   버크셔 해서웨이, 1976년 10-K 보고서, 7.

33.   버크셔 해서웨이, 1975년 10-K 보고서, 7.

34.   버크셔 해서웨이, 1970년 10-K 보고서, 31.

35.   버크셔 해서웨이, 1974년 10-K 보고서, 2.

36.   버크셔 해서웨이, 1976년 10-K 보고서, 6.

37.   http://pages.stern.nyu.edu/~adamodar/New_Home_Page/datafile/his-tretSPX.html

38.   버크셔 해서웨이, 1973년 10-K 보고서, 1.

39.   버크셔 해서웨이, 1985년 연차보고서, 41.

40.   워런 버핏, "내가 가장 좋아하는 주식", 〈Commercial and Financial Chronicle〉, 1951년 12월 6일.

41.   워런 버핏, 버크셔 해서웨이 1995년 주주 서한, 1996년 3월 1일.

42.   가이코, 1974년 연차보고서, 4.

43.   같은 글, 8, 26.

44.   워런 버핏, 버크셔 해서웨이 1995년 주주 서한, 1996년 3월 1일.

45.   Lowenstein, 《Buffett》, 118.

46.   워런 버핏, 버크셔 해서웨이 2019년 주주 서한, 2020년 2월 22일.

47.   《베스트 인슈어런스 리포트: 손해보험》(1965), x.

48.   《베스트 인슈어런스 리포트: 손해보험》(1975), 394B, 40.

49.   가이코, 1974년 연차보고서, 8, 38.

50.   같은 글, 6.

51.   보험영업손실 25.4%(합산비율 125.4%에서 100%를 차감—옮긴이)에 레버리지 3.93배를 곱하면 자기자본의 약 100%가 된다.

52.   가이코, 1974년 연차보고서, 8.

53.   같은 글.

54. 같은 글, 33.
55. 같은 글, 8.
56. 같은 글, 33.
57. 가이코, 1975년 연차보고서, 5.
58. 같은 글, 12.
59. 같은 글, 3.
60. 가이코, 1974년 연차보고서, 26.
61. 가이코, 1976년 연차보고서, 15.
62. 같은 글, 4.
63. 같은 글, 2.
64. 같은 글, 18.
65. 같은 글, 23.
66. 같은 글, 1.
67. 버크셔 해서웨이, 1976년 10-K 보고서, S-1.
68. 가이코, 1976년 연차보고서, 32.
69. 버크셔 해서웨이, 1976년 10-K 보고서, F-20.
70. 같은 글, 6.
71. 가이코, 1976년 연차보고서, 22.
72. 버크셔 해서웨이, 1980년 10-K 보고서, 40.
73. 워런 버핏, 버크셔 해서웨이 1979년 주주 서한, 1980년 3월 3일.
74. 가이코, 1980년 연차보고서, 23.
75. 워런 버핏, 버크셔 해서웨이 1980년 주주 서한, 1981년 2월 27일.
76. 같은 글.
77. 워런 버핏, 버크셔 해서웨이 1985년 주주 서한, 1986년 3월 4일.
78. 가이코, 1980년 연차보고서, 16.
79. 가이코, 1984년 연차보고서, 2.
80. 가이코, 1980년 연차보고서, 16.
81. Allen Thorndike Alice, 《Reminiscences of Abraham Lincoln: By Distinguished men of his Time》 (New York: Harper & Brothers Publishers, 1909). https://quod.lib.umich.edu/l/lincoln2/BCC9571.0001.001/262?rgn=full+text;view=image
82. 가이코, 1976년 연차보고서, 6.
83. 같은 글, 22.
84. 가이코, 1977년 연차보고서, 4.
85. Lowenstein, 《Buffett》, 198.
86. 같은 책, 199.
87. 버크셔 해서웨이, 1977년 연차보고서, 19.
88. 버크셔 해서웨이, 1977년 10-K 보고서, 2.
89. 버크셔 해서웨이, 1977년 연차보고서, 19.
90. 버크셔 해서웨이, 1977년 10-K 보고서, 17.

91. 버크셔 해서웨이, 1975년 10-K 보고서, F-6.
92. 같은 글, F-2.
93. 같은 글, F-7.
94. 버크셔 해서웨이, 1976년 10-K 보고서, 9.
95. 같은 글, 2.
96. 같은 글, 9.
97. 같은 글, F-3.
98. 같은 글, 2.
99. 버크셔 해서웨이, 1977년 10-K 보고서, 20.

6장. 다른 기업들

1. 《무디스 산업 매뉴얼》(1968), 524.
2. 같은 책.
3. Schroeder, 《The Snowball》, 293.
4. 《무디스 산업 매뉴얼》(1968), 524.
5. 같은 책.
6. 《무디스 산업 매뉴얼》(1969), 1878.
7. 워런 버핏, 버핏파트너십 1968년 투자자 서한, 1969년 1월 22일, 4.
8. 워런 버핏, 버크셔 해서웨이 1978년 주주 서한, 1979년 3월 26일.
9. 워런 버핏, 버핏파트너십 1969년 투자자 서한, 1969년 12월 5일, 1.
10. 버크셔 해서웨이, 1978년 10-K 보고서, 20.
11. 워런 버핏, 버핏파트너십 1969년 투자자 서한, 1969년 12월 5일, 1.
12. 블루칩스탬프, 1969년 연차보고서, 4.
13. 같은 글.
14. 같은 글.
15. 같은 글.
16. Peter Kaufman, 《Poor Charlie's Almanack》(PCA Publications, L.L.C., 2008), Chronology.
17. 블루칩스탬프, 1969년 연차보고서, 1.
18. 블루칩스탬프, 1979년 10-K 보고서, 8.
19. 블루칩스탬프, 1969년 연차보고서, 5.
20. 같은 글.
21. 블루칩스탬프, 1974년 연차보고서, 4~5.
22. 《무디스 OTC 산업 매뉴얼(Moody's OTC Industrial Manual)》(New York: Moody's Investors Services, Inc, 1970), 465.
23. 《무디스 산업 매뉴얼》(1972), 2098.
24. 《무디스 산업 매뉴얼》(1973), 582.
25. 《무디스 산업 매뉴얼》(1972), 2098~2099.

26. 《무디스 산업 매뉴얼》(1960~1972).
27. 같은 책.
28. http://pages.stern.nyu.edu/~adamodar/New_Home_Page/datafile/his-tretSPX.html
29. 《무디스 산업 매뉴얼》(1960~1972).
30. 《무디스 OTC 산업 매뉴얼》(1972), 769.
31. 같은 책.
32. 《무디스 산업 매뉴얼》(1972), 2099.
33. 워런 버핏, 버크셔 해서웨이 1983년 주주 서한, 1984년 3월 14일, 16.
34. 워런 버핏, 버크셔 해서웨이 1984년 주주 서한, 1985년 2월 25일, 6.
35. 씨즈캔디, See's Candies Timeline, https://www.sees.com/timeline/
36. Diana de guzman & Alix Martichoux, "Inside See's Candies South San Francisco factory: See how they craft chocolate by hand", SF GATE, 2017년 11월 16일. https://www.sfgate.com/food/article/Made-Bay-Area-See-s-Candy-South-San-Francisco-12339742.php
37. Murray Light, 《From Butler to Buffett: The Story Behind the Buffalo News》 (New York: Prometheus Books, 2004), 197.
38. 같은 책, 211.
39. 같은 책, 30.
40. 같은 책, 33.
41. Schroeder, 《The Snowball》, 463.
42. 블루칩스탬프, 1978년 연차보고서, 12.
43. 같은 글, 14.
44. Light, 《From Butler to Buffett》, 231.
45. 같은 책, 191~192.
46. Schroeder, 《The Snowball》, 464.
47. Light, 《From Butler to Buffett》, 211.
48. 같은 책, 220.
49. 블루칩스탬프, 1978년 연차보고서, 5.
50. 워런 버핏, 버크셔 해서웨이 1989년 주주 서한, 1990년 3월 2일.
51. 워런 버핏, 버크셔 해서웨이 1982년 주주 서한, 1983년 3월 3일.
52. 버크셔 해서웨이, 1985년 연차보고서, 39, 49.
53. 《무디스 OTC 산업 매뉴얼》(1977), 844.
54. 핑커턴스, 1972년 연차보고서, 16.
55. 《무디스 OTC 산업 매뉴얼》(1968), 811.
56. 《무디스 OTC 산업 매뉴얼》(1977), 511.
57. 《무디스 OTC 산업 매뉴얼》(1975), 8060.
58. 《무디스 OTC 산업 매뉴얼》(1972), 2885.
59. 《무디스 OTC 산업 매뉴얼》(1975), 8060.
60. http://pages.stern.nyu.edu/~adamodar/New_Home_Page/datafile/his-

tretSPX.html

61. 블루칩스탬프, 1979년 연차보고서, Schedule 1.

62. 블루칩스탬프, 1978년 연차보고서, 12.

63. 《무디스 OTC 산업 매뉴얼》(1977), 511.

64. Tamar Lewin, "PINKERTON'S IS BEING ACQUIRED", The New York Times, 1982년 12월 8일. https://www.nytimes.com/1982/12/08/business/pinkerton-s-is-being-acquired.html

65. 찰리 멍거, 블루칩스탬프 1982년 주주 서한, 1983년 2월 17일.

66. 《무디스 OTC 산업 매뉴얼》(1979~1982).

67. Schroeder, 《The Snowball》, 883.

68. 《무디스 은행 및 금융업 매뉴얼》(1975), 1178.

69. 《무디스 은행 및 금융업 매뉴얼》(1972), 1666.

70. http://pages.stern.nyu.edu/~adamodar/New_Home_Page/datafile/histretSPX.html

71. 《무디스 OTC 산업 매뉴얼》(1975), 275.

72. 《무디스 OTC 산업 매뉴얼》(1977), 844.

73. 《무디스 은행 및 금융업 매뉴얼》(1975), 1178.

74. 웨스코파이낸셜, 1978년 10-K 보고서, 13.

75. 《무디스 은행 및 금융업 매뉴얼》(1975), 1178.

76. 웨스코파이낸셜, 1978년 10-K 보고서, 13.

77. 웨스코파이낸셜, 1980년 10-K 보고서, F-24.

78. 《무디스 은행 및 금융업 매뉴얼》(1982), 2333.

79. 《무디스 은행 및 금융업 매뉴얼》(1985), 2449.

80. 《무디스 은행 및 금융업 매뉴얼》(1987), 2764.

81. 《무디스 은행 및 금융업 매뉴얼》(1985), 2449.

82. 찰리 멍거, 웨스코파이낸셜 1985년 주주 서한, 1986년 2월 13일.

83. 《무디스 은행 및 금융업 매뉴얼》(1985), 2449.

84. 《무디스 은행 및 금융업 매뉴얼》(1987), 2764.

85. 제너럴푸즈, 1985년 연차보고서, 17.

86. 워런 버핏, 버크셔 해서웨이 1980년 주주 서한, 1981년 2월 27일.

87. 워런 버핏, 버크셔 해서웨이 1983년 주주 서한, 1984년 3월 14일.

88. 버크셔 해서웨이, 1983년 10-K 보고서, 20.

89. 제너럴푸즈, 1975년 연차보고서, 20.

90. 제너럴푸즈, 1979년 연차보고서, 31.

91. 제너럴푸즈, 1985년 연차보고서, 30.

92. 워런 버핏, 버크셔 해서웨이 1984년 주주 서한, 1985년 2월 25일.

93. Robert Cole, "PHILIP MORRIS TO BUY GENERAL FOODS FOR $5.8 BILLION", The New York Times, 1985년 12월 28일. https://www.nytimes.com/1985/09/28/business/philip-morris-to-buy-general-foods-for-5.8-billion.html

94. 버크셔 해서웨이, 1985년 연차보고서, 37.
95. 찰리 멍거, 웨스코파이낸셜 1985년 주주 서한, 1986년 2월 13일.
96. 《무디스 은행 및 금융업 매뉴얼》(1987), 2764.
97. 버크셔 해서웨이, 1985년 연차보고서, 25.
98. 《무디스 공익기업 매뉴얼(Moody's Public Utilities Manual)》(John Moody, 1929), 2185.
99. Lowenstein, 《Buffett》, 213.
100. Allan Sloan, "The Battle to Buy a Bridge", The New York Times, 1978년 1월 1일. https://www.nytimes.com/1978/01/01/archives/the-battle-to-buy-a-bridge-the-battle-to-buy-a-bridge.html
101. 《무디스 운송업 매뉴얼(Moody's Transportation Manual)》(New York: Moody's Investors Service, Inc., 1977), 1529.
102. 《무디스 운송업 매뉴얼》(1970~1979).
103. Sloan, "The Battle to Buy a Bridge".
104. 《무디스 운송업 매뉴얼》(1977), 1529.
105. 같은 책.
106. http://pages.stern.nyu.edu/~adamodar/New_Home_Page/datafile/histretSPX.html
107. 버크셔 해서웨이, 1974년 10-K 보고서, S-2.
108. 웨스코파이낸셜, 1978년 10-K 보고서, 7.
109. Sloan, "The Battle to Buy a Bridge".
110. 웨스코파이낸셜, 1978년 10-K 보고서, 7.
111. 같은 글.
112. 웨스코파이낸셜, 1978년 연차보고서, 1.
113. 같은 글.
114. 블루칩스탬프, 1979년 연차보고서, 9.
115. 《무디스 은행 및 금융업 매뉴얼》(1982), 2333.
116. 같은 책.
117. 같은 책.
118. 《무디스 은행 및 금융업 매뉴얼》(1987), 2764.
119. 버크셔 해서웨이, 1972년 10-K 보고서, S-9.
120. 《무디스 OTC 산업 매뉴얼》(1972), 770.
121. 버크셔 해서웨이, 1972년 연차보고서, 16.
122. 워런 버핏, 버크셔 해서웨이 1977년 주주 서한, 1978년 3월 14일.
123. 워런 버핏, 버크셔 해서웨이 1978년 주주 서한, 1979년 3월 26일.
124. 《무디스 OTC 산업 매뉴얼》(1970), 465.
125. 《무디스 OTC 산업 매뉴얼》(1971), 716.
126. 블루칩스탬프, 1974년 연차보고서, 5.
127. 같은 글, 7.
128. 《무디스 OTC 산업 매뉴얼》(1972), 770.

129. 블루칩스탬프, 1974년 연차보고서, 6~7.
130. 블루칩스탬프, 1979년 연차보고서, 10.
131. 같은 글, 9.
132. 블루칩스탬프, 1974년 연차보고서, 8.
133. 블루칩스탬프, 1978년 연차보고서, 12.
134. 블루칩스탬프, 1974년 연차보고서, 4.
135. 《무디스 OTC 산업 매뉴얼》(1975), 276.
136. 같은 책.
137. 블루칩스탬프, 1974년 연차보고서, 8.
138. 《무디스 OTC 산업 매뉴얼》(1975), 276.
139. 블루칩스탬프, 1974년 연차보고서, 7.
140. http://pages.stern.nyu.edu/~adamodar/New_Home_Page/datafile/histretSPX.html
141. 블루칩스탬프, 1974년 연차보고서, 7.
142. 같은 글, 6~7.
143. 버크셔 해서웨이, 1974년 10-K 보고서, F-19.
144. 버크셔 해서웨이, 1972년 10-K 보고서, S-9.
145. 버크셔 해서웨이, 1974년 10-K 보고서, F-19.
146. 블루칩스탬프, 1974년 연차보고서, 11.
147. 같은 글, 7.
148. 블루칩스탬프, 1980년 연차보고서, 16.
149. 같은 글, 15.
150. 같은 글, 28.
151. http://pages.stern.nyu.edu/~adamodar/New_Home_Page/datafile/histretSPX.html
152. 블루칩스탬프, 1980년 연차보고서, 20.
153. Janet Lowe, 《Damn Right! Behind the Scenes with Berkshire Hathaway Billionaire Charlie Munger》(New York: John Wiley & Sons, Inc, 2000), 118.
154. 버크셔 해서웨이, 1984년 연차보고서, 64.

7장. 복합기업

1. 버크셔 해서웨이, 1969년 10-K 보고서, 25, 34.
2. 버크셔 해서웨이, 1972년 10-K 보고서, 12.
3. 버크셔 해서웨이, 1969년 10-K 보고서, 26, 35.
4. 버크셔 해서웨이, 1972년 10-K 보고서, 13.
5. 버크셔 해서웨이, 1973년 10-K 보고서, F-4.
6. 버크셔 해서웨이, 1971년 10-K 보고서, 13.
7. 버크셔 해서웨이, 1972년 10-K 보고서, 13.

8. 버크셔 해서웨이, 1969년 10-K 보고서, 25, 34.
9. 버크셔 해서웨이, 1979년 10-K 보고서, F-6.
10. 워런 버핏, 버크셔 해서웨이 1990년 주주 서한, 1991년 3월 1일.
11. 버크셔 해서웨이, 1975년 10-K 보고서, 5.
12. 같은 글, 7.
13. 버크셔 해서웨이, 1979년 10-K 보고서, F-12.
14. 버크셔 해서웨이, 1975년 10-K 보고서, 5.
15. 같은 글.
16. 같은 글.
17. Schroeder, 《The Snowball》, 420.
18. 같은 책.
19. 버크셔 해서웨이, 1969년 10-K 보고서, 7~8.
20. 버크셔 해서웨이, 1974년 10-K 보고서, F-2, F-3.
21. 버크셔 해서웨이, 1972년 10-K 보고서, S-9.
22. 같은 글.
23. 버크셔 해서웨이, 1973년 10-K 보고서, S-3, S-5.
24. 버크셔 해서웨이, 1974년 10-K 보고서, F-19, S-3.
25. http://pages.stern.nyu.edu/~adamodar/New_Home_Page/datafile/histretSPX.html
26. 버크셔 해서웨이, 1974년 10-K 보고서, S-2.
27. 같은 글, S-3.
28. 같은 글, F-19.
29. 찰리 멍거, BBC 인터뷰. https://www.youtube.com/watch?v=3WkpQ4PpId4&feature=emb_title
30. 워싱턴포스트 컴퍼니, 1971년 연차보고서, 1.
31. 같은 글.
32. Katharine Graham, 《Personal History》(New York: Random House, 1997), 442, 451.
33. 같은 책, 494.
34. http://pages.stern.nyu.edu/~adamodar/New_Home_Page/datafile/histretSPX.html
35. 워싱턴포스트 컴퍼니, 1971년 연차보고서, 25.
36. 같은 글, 23, 25.
37. 워싱턴포스트 컴퍼니, 1973년 연차보고서, 9.
38. 같은 글, 10.
39. 워싱턴포스트 컴퍼니, 1974년 10-K 보고서, 1.
40. 같은 글, 2.
41. 버크셔 해서웨이, 1973년 10-K 보고서, S-3.
42. 워싱턴포스트 컴퍼니, 1973년 연차보고서, 9.
43. 같은 글, 10.

44. 같은 글, 1.
45. http://pages.stern.nyu.edu/~adamodar/New_Home_Page/datafile/his-tretSPX.html
46. 워싱턴포스트 컴퍼니, 1973년 연차보고서, 10.
47. 워싱턴포스트 컴퍼니, 1983년 연차보고서, 39.
48. 같은 글, 49.
49. 워싱턴포스트 컴퍼니, 1974년 연차보고서, 1.
50. 워싱턴포스트 컴퍼니, 1978년 연차보고서, 2.
51. 워싱턴포스트 컴퍼니, 1984년 연차보고서, 7.
52. 워싱턴포스트 컴퍼니, 1973년 연차보고서, 9.
53. 워싱턴포스트 컴퍼니, 1985년 연차보고서, 35.
54. 워런 버핏, 버크셔 해서웨이 1985년 주주 서한, 1986년 3월 4일.
55. 같은 글.
56. 버크셔 해서웨이, 1985년 연차보고서, 25.
57. 버크셔 해서웨이, 1983년 10-K 보고서, 23.
58. 워런 버핏, 버크셔 해서웨이 1983년 주주 서한, 1984년 3월 14일.
59. 워런 버핏, 버크셔 해서웨이 1984년 주주 서한, 1985년 2월 25일.
60. 버크셔 해서웨이, 1983년 10-K 보고서, 20.
61. 워런 버핏, 버크셔 해서웨이 1984년 주주 서한, 1985년 2월 25일.
62. 같은 글.
63. 같은 글.
64. 같은 글.
65. 월마트, 1984년 연차보고서, 16.
66. 버크셔 해서웨이, 1978년 10-K 보고서, 1.
67. 같은 글.
68. 버크셔 해서웨이, 1982년 10-K 보고서, 31.
69. 버크셔 해서웨이, 1967년 10-K 보고서, 23, 31.
70. 버크셔 해서웨이, 1978년 10-K 보고서, F-3.
71. 버크셔 해서웨이, 1984년 연차보고서, 25.
72. 같은 글, 24.
73. 버크셔 해서웨이, 1979년 10-K 보고서, F-12.
74. 버크셔 해서웨이, 1979년 연차보고서, 12.
75. 같은 글, 24.
76. 버크셔 해서웨이, 1980년 10-K 보고서, 40.
77. 버크셔 해서웨이, 1984년 연차보고서, 41.
78. 버크셔 해서웨이, 1980년 10-K 보고서, 21.
79. 버크셔 해서웨이, 1985년 연차보고서, 25.
80. 같은 글, 31.
81. 버크셔 해서웨이, 1980년 10-K 보고서, 21, 30.
82. 버크셔 해서웨이, 1985년 연차보고서, 25, 33.

결론

1. 버크셔 해서웨이, 1970년 10-K 보고서, 9.
2. 버크셔 해서웨이, 1978년 10-K 보고서, F-2.
3. 워런 버핏, 버크셔 해서웨이 1978년 주주 서한, 1979년 3월 26일.
4. 워런 버핏, 버크셔 해서웨이 1985년 주주 서한, 1986년 3월 4일.
5. 워런 버핏, 버크셔 해서웨이 1978년 주주 서한, 1979년 3월 26일.
6. Schroeder, 《The Snowball》, 271.
7. 워런 버핏, 버핏파트너십 1966년 투자자 서한, 1966년 1월 20일, 6.
8. 버크셔 해서웨이, 1965년 10-K 보고서, 1.
9. 버크셔 해서웨이, 1967년 10-K 보고서, 1.
10. 버크셔 해서웨이, 1985년 연차보고서, 70.
11. Lowenstein, 《Buffett》, 114.
12. 같은 책, 93.
13. 워런 버핏, 버크셔 해서웨이 1994년 주주 서한, 1995년 3월 7일.
14. 같은 글.
15. 버크셔 해서웨이, 1967년 10-K 보고서, 15.
16. 《무디스 은행 및 금융업 매뉴얼》(1968), 1553.
17. 같은 책.
18. 버크셔 해서웨이, 1968년 10-K 보고서, 14.
19. 버크셔 해서웨이, 1967년 10-K 보고서, 12.
20. 《무디스 산업 매뉴얼》(1968), 438.
21. Peter Grossman, 《American Express: The Unofficial History of the People Who Built the Great Financial Empire》(New York: Crown Publishers, Inc., 1987), 84.
22. 같은 책, 93.
23. 같은 책, 280.
24. 아메리칸익스프레스, 1965년 연차보고서, 10.
25. 같은 글.
26. Grossman, 《American Express》, 239.
27. 《무디스 은행 및 금융업 매뉴얼》(1956), 848.
28. 아메리칸익스프레스, 1965년 연차보고서, 29.
29. 버크셔 해서웨이, 1967년 10-K 보고서, 15.
30. 아메리칸익스프레스, 1965년 연차보고서, 29.
31. http://pages.stern.nyu.edu/~adamodar/New_Home_Page/datafile/his-tretSPX.html
32. Grossman, 《American Express》, 7, 207.
33. 아메리칸익스프레스, 1962년 연차보고서, 2.
34. 아메리칸익스프레스, 1961년 연차보고서, 11.
35. Grossman, 《American Express》, 303.

36. 같은 책, 6.
37. 같은 책, 94.
38. 아메리칸익스프레스, 1965년 연차보고서, 29.
39. 같은 글.
40. 《무디스 은행 및 금융업 매뉴얼》(1966), 1475.
41. 버크셔 해서웨이, 1973년 10-K 보고서, F-15.
42. 아메리칸익스프레스, 1965년 연차보고서, 29.
43. 버크셔 해서웨이, 1968년 10-K 보고서, 14.
44. 버크셔 해서웨이, 1985년 연차보고서, 70.
45. http://pages.stern.nyu.edu/~adamodar/New_Home_Page/datafile/his-tretSPX.html
46. 버크셔 해서웨이, 1985년 연차보고서, 25, 70.
47. 버크셔 해서웨이, 1964년 연차보고서, 11.
48. 버크셔 해서웨이, 1967년 10-K 보고서, 7.
49. 버크셔 해서웨이, 1985년 연차보고서, 25.
50. 버크셔 해서웨이, 1974년 10-K 보고서, 20.
51. 버크셔 해서웨이, 1982년 10-K 보고서, 13.
52. 버크셔 해서웨이, 1970년 10-K 보고서, 2.
53. Loomis, 《Tap Dancing to Work》, 255.
54. 버크셔 해서웨이, 14A 위임장 권유 신고서(Definitive Proxy Statement), 2006년 3월 13일.
55. 같은 글.
56. 버크셔 해서웨이, 1971년 10-K 보고서, 5, 13.
57. 버크셔 해서웨이, 1984년 10-K 보고서, 24~25.
58. 아메리칸 인터내셔널 그룹, 1984년 연차보고서, 41.
59. 버크셔 해서웨이, 1978년 10-K 보고서, F-2.
60. 버크셔 해서웨이, 1985년 연차보고서, 25.
61. https://archive.fortune.com/magazines/fortune/fortune500_archive/full/1965/
62. http://pages.stern.nyu.edu/~adamodar/New_Home_Page/datafile/his-tretSPX.html
63. 같은 표.
64. https://www.minneapolisfed.org/about-us/monetary-policy/inflation-calcu-lator/consumer-price-index-1913-
65. http://pages.stern.nyu.edu/~adamodar/New_Home_Page/datafile/his-tretSPX.html
66. https://www.minneapolisfed.org/about-us/monetary-policy/inflation-calcu-lator/consumer-price-index-1913-

위대한 일도 작게 시작했다

쉽지 않은 책을 헤쳐온 독자 여러분께 우선 축하와 감사의 마음을 전한다.

《버크셔 해서웨이의 재탄생》을 통해 무엇을 배우셨을지 궁금하다. 투자업계의 전설에게 배우는 자본 배분의 원칙? 장기 성공을 낳는 투자 대상 기업의 특성? 대인플레이션 시대에 특히 가치 있는 기업의 유형? 워런 버핏과 찰리 멍거의 본받을 만한 철학과 자세?

이 책에 모든 것이 담겨 있다. 지은이의 방대한 리서치와 분석 덕분에 '하이라이트'가 아닌 '실제 영상'을 간명하게 볼 수 있게 되었다. 망해가던 버크셔 해서웨이를 인수해서 씨즈캔디와 보험 자회사의 성공에 힘입어 거대 복합기업으로 변모시켰다는 하이라이트를 모르는 투자자는 거의 없을 것이다. 플로트라는 개념도 한 번쯤은 들어봤을 것으로 믿는다. 하지만 당시 버크셔의 동업자가 된 느낌으로 구체적인 수치를 분석하는 것은 다른 차원의 의미가 있다(플로트를 직접 계산하는 책은 처음 봤다).

막 책을 끝낸 독자께 또 읽을거리를 던지는 미안한 마음을 무릅쓰고, 책에서 다루지 않았지만 옮긴이에게 와닿았던 바를 공유하며 후기를 갈음하려 한다.

버핏과 멍거는 '외부자(outsider)'였다. 투자자로서 경력을 갈고닦은 버핏이 기업가로서 처음 발을 들인 섬유업뿐 아니라 이후 확장한 보험업과 은행·금융업, 유통업, 출판업에서 모두 그랬다. 그래서 업계의 관행이나 공식에 연연하지 않고 '틀을 벗어나(outside the box)' 생각하고 결정할 수 있었다고 생각한다. 물론 버크셔는 해당 분야에서 경험을 쌓으며 업계 1~2위가 되어 내부자 중의 내부자가 되었지만, 이 책에서 다루지 않는 1985년 이후에도 새로운 산업으로의 여정을 계속했다.

투자 의사결정을 포함해 자본 배분이 그 바탕을 이루었지만, 매번 계획대로 성공했던 것은 아니다. 실패한 기업 세 개로 시작했을 뿐 아니라 홈스테이트 부문 등에서 아쉬움을 남기기도 했다. 아메리칸익스프레스처럼 더 좋은 기회도 여럿 놓쳤다.

하지만 실패는 버크셔의 수장 간 파트너십에 영향을 미치지 못했다. 버핏은 2023년 11월 28일 세상을 떠난 멍거를 '큰형이자 아버지 같았던 사람'으로 기억한다. 실패는 두 사람이 함께하는 여정을 끝낼 이유가 되지 못했다. 동업이나 공동 프로젝트를 해본 사람은 이것이 얼마나 이례적인지를 알 것이다. 멍거는 버핏과의 세월에서 가장 좋았던 순간으로 1991년 파산 위기에 빠진 살로먼브러더스(Salomon Brothers)를 살려내느라 고생했던 때를 꼽았다.* 두 사람에게 실패와 역경은 학습 기회이자 '함께' 현명함으로 나아가는 재료일 뿐이었다. 나아가 엄청난 성공을 거둔 뒤에도 상호 신뢰와 존중이 제자리를 지켰다.

무엇보다도 버핏과 멍거는 기업가가 됨으로써 더 나은 투자자가 되었고 그 반대도 마찬가지였다. 두 가지를 동시에 이룬 사람은 극소수다. 이것이 윌리엄 손다이크(William Thorndike)가 저서에서 버핏을 마지막 여덟 번째 역발상 CEO로 기록한 이유일 것으로 짐작한다. 버핏과 멍거에게 투자와 사업은 다르지 않았다. 투하자본이익률이 높은 기업의 소유권을 확보하는 차원에서

---

* 버핏클럽 웹진, "어콰이어드 찰리 멍거 인터뷰 완역본" 중.
  https://buffettclub.co.kr/article-20231114/

나, 장기적인 관점에서 생존을 위협받지 않도록 레버리지를 낮게 유지하며 화력을 비축하다가 기회가 도래하면(최근 일본 시장 투자처럼) 대규모 자본을 조달하는 차원에서나. 이 책에서 그 중심을 이루는 자본 배분의 정수를 만끽할 수 있다.

특히 1951년 투자자로 연을 맺었다가 시간이 흘러 통째로 인수*하는 가이코는 아주 특별한 사례다. 뒤에 버핏이 기고해 1951년 12월 6일 게재된, 가이코에 관한 글 "내가 가장 좋아하는 주식"을 번역해 실었다. 버핏의 처음이자 마지막 개별 기업 분석 보고서로 유명할뿐더러 마침 이 책에도 언급되었기에 묘미를 더할 것으로 기대한다.

옮긴이에게도 참 까다로운 책이었다. 책의 결론, 즉 버크셔 해서웨이의 현재 모습을 대다수 투자자가 잘 안다는 점에서 앞으로 펼쳐질 미래에 대한 기대감을 불어넣는 흔한 책과 다르다. 게다가 현재와 다른 회계규정이 적용되었던 40~70여 년 전 재무제표와 연차보고서 수치를 꾹꾹 눌러 담은 지루한 책이기도 하다. 보험업의 개념과 용어는 번역의 난도를 더욱 높였다.

지은이 제이컵 맥도너도 원서를 유명 출판사에서 내지 않고 독립출판했던 점을 고려할 때, 업계의 공식을 깨고 흔쾌히 번역서 출간을 결정한 에프엔미디어에 감사의 마음을 전한다. 옛날 자료를 들춰내어 전문성을 유감없이 발휘한 감수자 권용탁 님과, 방금 재무제표를 캡처해서 붙여 넣은 것처럼 생생한 책을 만들어준 이연휘 디자이너도 빼놓을 수 없다. 무엇보다 어디서도 찾아보기 힘든 작품을 선사한 지은이에게 이 자리를 빌려 감사

* 1996년 1월 버크셔는 가이코의 잔여 유통주식(총유통주식의 약 50%) 전량을 23억 달러에 인수했다.

의 마음을 전한다. 많이 배웠다.

사업이든 투자든 독자에게 도움이 되기를 바라면서, 버핏의 열렬한 팬인 제프 베조스(Jeff Bezos)의 말로 끝을 맺겠다.

"위대한 일도 작게 시작했다(Big things start small)."

2024년 3월

generalfox(변영진)

내가 가장 좋아하는 주식

—

워런 E. 버핏

버핏-포크 앤드 컴퍼니(Buffett-Falk & Co.), 오마하, 네브래스카주
〈커머셜 앤드 파이낸셜 크로니클(The Commercial and Financial Chronicle)〉
1951년 12월 6일

가이코

완전 고용과 호경기 수준의 이익, 기록적인 배당 지급은 유가증권의 가격 하락을 낳는 요인이 아니다. 대다수 산업은 지난 5년간 큰 방해물 없이 호황의 흐름을 타며 큰 이득을 보았다.

자동차보험산업은 예외였다. 종전 후 충격적인 적자를 기록하다가 1949년 드디어 정상화의 조짐을 보였다. 하지만 1950년에 다시 주식회사 형태의 손해보험사가 과거 15년 중 두 번째로 좋지 않은 보험 인수 실적을 올리며 큰 타격을 입었다. 특히 자동차보험을 대거 인수한 손해보험사의 최근 실적은 주식시장 전반의 강세장 분위기와 극명한 대조를 이룬다. 정상 이익 창출력과 자산 구성 항목에 바탕을 두면 저평가된 것처럼 보이는 손해보험사 주식이 많다.

손해보험업의 본질은 반복해서 발생하는 사고의 영향을 줄이는 것이다. 대다수 보험 계약자는 손해보험을 필수품으로 여긴다. 계약은 과거 데이터에 바탕을 둔 요율로 매년 갱신한다. 1945~1951년 기간에는 인플레이션으로 인해 요율이 비용보다 천천히 증가해

서 대규모 보험영업손실이 발생했다. 하지만 향후 디플레이션 압력이 강화한다면 오히려 이득을 볼 것이다.

손해보험업은 (생명보험업과 비교해—옮긴이) 보험 목적물(inventory)이나 보험료 납부(collection), 업무 난도와 데이터(raw material) 차원에서 문제가 덜하다는 장점이 있다. (보험 외 산업과 비교해—옮긴이) 제품과 장비가 진부화할 위험도 없다.

가이코는 1930년대 중반 전국적으로 완전한 자동차보험을 제공하려는 목표를 두고 설립되었다. 목표 고객은 다음과 같았다. (1) 연방정부 및 주정부 공무원, (2) 현역과 예비역 장교 및 (O-1~3 등급의—옮긴이) 부사관, (3) 적격 퇴역군인, (4) 타 보험사의 자동차보험 계약자, (5) 각급 학교 교수진, (6) 방산 분야의 정부 계약업체 종사자, (7) 주주.

가이코는 독립대리점이나 지점이 없다. 덕분에 보험 계약자는 자동차보험업계의 표준 보험을 경쟁사보다 최대 30% 저렴한 보험료만 내고 계약한다. 보험금 청구 업무는 500여 곳의 지역

Warren E. Buffett

사무소(representative)에서 담당한다(가이코 업무만 취급한다는 점에서 독립대리점과 다르다—옮긴이).

최근 몇 년간 시장은 매출 증가율이 물가 상승률이나 기업 간 경쟁이 완만할 때의 성장률과 큰 차이가 없는 기업에도 '성장 기업(growth company)'이라는 칭호를 멋대로 부여했다. 다음 수치는 가이코야말로 진정한 '성장 기업'의 자격이 있음을 보여준다.

연도	원수보험료	계약자 수
1936년	103,696.31	3,754
1940년	768,057.86	25,514
1945년	1,638,562.09	51,697
1950년	8,016,975.79	143,944

물론 오늘의 투자자는 어제의 성장에서 이득을 볼 수 없다. 하지만 가이코는 앞으로도 상당히 성장하리라고 볼 만한 이유가 있다. 1950년 이전에는 전체 50개 주 중 겨우 15개 주에서만 영업 면허를 보유했다(워싱턴 D.C.와 하와이 포함). 올해 초 뉴욕주의 보험 계약자는 3,000

명에도 못 미쳤다. 하지만 인구가 적은 지역에 적용하는 보험료 50달러에서 25%를 아끼는 것보다 뉴욕에 적용하는 보험료 125달러의 25%를 아끼는 가치 제안이 장차 더 유망해 보인다.

경기 침체기에는 비용 경쟁의 중요성이 커진다. 이때 가이코의 낮은 요율은 경쟁사로부터 사업을 빼앗는 무기로서 더욱 힘을 발휘한다. 인플레이션 덕분에 가이코가 요율을 인상한다면 표준 요율 대비 25% 할인한 절대액은 더 커진다.

미심쩍은 사람과 계약하라거나 위험이 큰 계약을 갱신하라는 독립대리점의 압박도 없다. 요율 구조가 수익성을 담보할 수 없는 일부 지역에서는 신규 계약을 확보하려는 판촉 활동을 중단하면 그만이다.

가이코의 가장 큰 매력은 이익률 차원에서의 우위다. 1949년 보험영업이익 대 경과보험료 비율은 27.5%였는데, 베스트(Best's)가 집계한 135개 손해보험사 및 보증보험사의 평균은 6.7%에 그쳤다. 1950년 상황이 악화하면서 베스트의 평균은 3.0%로, 가이코는 18.0%

로 이익률이 하락했다. 모든 종류의 손해보험을 인수하지는 않는 가이코의 주요 상품인 상해보험과 대물배상보험은 수익성이 가장 낮았다. 반면 1950년에 수익성이 높았던 충돌보험(collision)은 대량 인수했다.

1951년 상반기에는 사실상 모든 보험사가 상해보험과 대물배상보험 부문에서 보험영업손실을 기록했다. 가이코의 해당 부문 이익률은 소폭 하락한 9%였는데, 매사추세츠 본딩 앤드 인슈어런스(Massachusetts Bonding & Insurance)는 16% 손실을 냈다. 뉴암스테르담 캐주얼티(New Amsterdam Casualty)는 8% 손실을 냈고 스탠더드 액시던트 인슈어런스(Standard Accident Insurance)는 9% 손실을 냈다.

가이코가 급속도로 성장하면서 현금 배당을 낮은 수준으로 유지할 수밖에 없었다. 주식 배당과 25 대 1 액면분할로 인해 유통주식수가 3,000주(1948년 6월 1일)에서 25만 주로 늘었다(1951년 11월 10일). 이때 관계사 신주우선인수권도 부여했다.

벤저민 그레이엄(Benjamin Graham)은 1948년 투자신탁을 통해 가이코의 지분을 대량 취득한 후 지금까지 이사회 의장을 맡고 있다. 설립 이래 성장을 이끈 레오 굿윈 회장은 상당히 유능하다. 이사회에 참여하는 10인이 보유한 지분은 1950년 말 유통주식수의 3분의 1에 달했다.

1950년 주당 순이익은 3.92달러였는데, 사업 규모가 더 작았던 1949년의 4.71달러보다 낮았다. 주당 순이익은 2년간 대폭 증가한 미경과보험료를 반영하지 않는다. 1951년 주당 순이익은 1950년보다 감소할 것으로 예상하지만, 지난여름 인상한 요율의 영향은 1952년 주당 순이익에서 확인할 수 있을 것이다. 1947~1950년 기간에 자산 규모가 증가하면서 투자영업이익은 4배가 되었다.

현재 주가는 업계 전체가 곤경을 겪었던 1950년 주당 순이익의 8배 수준이다. 가이코의 엄청난 성장 잠재력은 공짜로 얻을 수 있는 것이나 다름없다.

버크셔 해서웨이의 재탄생

초판 1쇄	2024년 4월 15일
2쇄	2024년 5월 15일

지은이	제이컵 맥도너
옮긴이	generalfox(변영진)
감수	권용탁

펴낸곳	에프엔미디어
펴낸이	김기호
편집	양은희, 오경희
기획관리	문성조
디자인	이연휘

신고	2016년 1월 26일 제2018-000082호
주소	서울시 용산구 한강대로 295, 503호
전화	02-322-9792
팩스	0303-3445-3030
이메일	fnmedia@fnmedia.co.kr
홈페이지	http://www.fnmedia.co.kr

ISBN	979-11-88754-95-3 (03320)
값	20,000원